Was ist eine Smart City?

Gordon Müller-Seitz · Mischa Seiter · Patrick Wenz

Was ist eine Smart City?

Betriebswirtschaftliche Zugänge
aus Wissenschaft und Praxis

Gordon Müller-Seitz
Lehrstuhl für Strategie,
 Innovation und Kooperation
Technische Universität Kaiserslautern
Kaiserslautern, Deutschland

Patrick Wenz
IBM
Frankfurt a. M., Deutschland

Mischa Seiter
Wertschöpfungs- und Netzwerkmanagement
Universität Ulm
Ulm, Deutschland

ISBN 978-3-658-12641-4   ISBN 978-3-658-12642-1 (eBook)
DOI 10.1007/978-3-658-12642-1

Die Deutsche Nationalbibliothek verzeichnet diese Publikation in der Deutschen Nationalbibliografie; detaillierte bibliografische Daten sind im Internet über http://dnb.d-nb.de abrufbar.

Springer Gabler
© Springer Fachmedien Wiesbaden 2016
Das Werk einschließlich aller seiner Teile ist urheberrechtlich geschützt. Jede Verwertung, die nicht ausdrücklich vom Urheberrechtsgesetz zugelassen ist, bedarf der vorherigen Zustimmung des Verlags. Das gilt insbesondere für Vervielfältigungen, Bearbeitungen, Übersetzungen, Mikroverfilmungen und die Einspeicherung und Verarbeitung in elektronischen Systemen.
Die Wiedergabe von Gebrauchsnamen, Handelsnamen, Warenbezeichnungen usw. in diesem Werk berechtigt auch ohne besondere Kennzeichnung nicht zu der Annahme, dass solche Namen im Sinne der Warenzeichen- und Markenschutz-Gesetzgebung als frei zu betrachten wären und daher von jedermann benutzt werden dürften.
Der Verlag, die Autoren und die Herausgeber gehen davon aus, dass die Angaben und Informationen in diesem Werk zum Zeitpunkt der Veröffentlichung vollständig und korrekt sind. Weder der Verlag noch die Autoren oder die Herausgeber übernehmen, ausdrücklich oder implizit, Gewähr für den Inhalt des Werkes, etwaige Fehler oder Äußerungen.

Gedruckt auf säurefreiem und chlorfrei gebleichtem Papier

Springer Gabler ist Teil von Springer Nature
Die eingetragene Gesellschaft ist Springer Fachmedien Wiesbaden GmbH

Vorwort

Der facettenreiche Begriff „Smart Cities" und die Tatsache, dass wir zumeist in Städten leben und maßgeblich auf verschiedenste Art und Weise von den Infrastrukturen im Guten wie im Schlechten abhängig sind, war für uns der Anlass, das Management bzw. die Zukunftsfähigkeit von Städten in den Fokus unser Aktivitäten zu rücken. In Deutschland lebt mehr als die Hälfte der Bevölkerung in Städten – mit stetig steigender Tendenz, was auch weltweit festzuhalten ist. Es ist daher auch kein Zufall, dass die Bundesregierung eine ihrer zentralen Initiativen für das Jahr 2015 unter das Motto „Zukunftsstadt" gestellt hat. Die resultierenden Herausforderungen für die IT-Infrastrukturen von Städten, die nachhaltige Quartiersausgestaltung, Logistikprozesse oder Formen der Bürgerintegration und -partizipation; dies sind alles relevante und drängende Themen, denen die betriebswirtschaftliche Forschung und Praxis bis dato jedoch recht passiv gegenübersteht.

Dies war für uns die Motivation, uns näher mit dem Thema zu befassen. Wir freuen uns über die in diesem Zusammenhang entstandene Kooperation zwischen Wissenschaft und Praxis, die sich in den drei Koautoren widerspiegelt.

Gedankt sei Frau Stefanie Brich für die gewohnt zuverlässige verlagsseitige Betreuung. Last but by no means least wollen wir uns auch noch bei den wissenschaftlichen Mitarbeitern Leonhard Mangold, Lukas Esser, Lukas Stoffel, Thomas Mahnke der Universität Ulm für wertvolle Anregungen sowie bei Dirk Steffens für die Schlussredaktion dieses Buchprojekts bedanken.

Kaiserslautern
Ulm
Frankfurt a. M.
im Mai 2016

Gordon Müller-Seitz
Mischa Seiter
Patrick Wenz

Inhaltsverzeichnis

1 **Smart Cities als Herausforderung**................................. 1
2 **Smart Cities-Zugänge aus betriebswirtschaftlicher Perspektive**.......... 3
   2.1 Strategisches Management als Basis für Smart Cities............... 3
       2.1.1 Überblick... 3
       2.1.2 Smart Cities: Begriffliche Grundlagen...................... 4
       2.1.3 Interne Analyse: Leistungsdimensionen von Smart Cities....... 5
       2.1.4 Externe Analyse.. 10
       2.1.5 Auffinden von Strategieoptionen.......................... 13
       2.1.6 Strategiebewertung..................................... 14
       2.1.7 Strategieimplementierung................................ 15
   2.2 Steuerung und Vernetzung...................................... 17
   2.3 Regionale Abhängigkeiten trotz Smartness?....................... 19
3 **Empirische Themenfelder**.. 23
   3.1 Zentrale Akteure... 23
   3.2 Urban Production & Logistics................................... 27
       3.2.1 Anspruchsgruppen der Urban Production & Logistics.......... 27
       3.2.2 Beschaffungslogistik und Produktion im urbanen Raum........ 29
       3.2.3 Distributionslogistik im urbanen Raum..................... 32
   3.3 Innovation und Digitalisierung.................................. 34
   3.4 Risiko und Resilienz.. 37
   3.5 Megaprojekte.. 41
4 **Smarter Cities – Best-Practice-Fallbeispiele von IBM**................... 45
   4.1 Einleitung... 45
   4.2 Anwendungsbeispiel: Städtische Leitzentrale – Rio de Janeiro......... 47
   4.3 Anwendungsbeispiele: Connected Car............................ 48
       4.3.1 Partnerschaften im Automobilbereich – IBM und Continental.... 48
       4.3.2 Mobility-Plattform – moovel............................. 48
       4.3.3 Sustainability/Energy – eCars............................ 49

4.4	Anwendungsbeispiel: Verkehrsmanagement – Stockholm.	50
4.5	Anwendungsbeispiel: Stadion-Management – Miami.	51
4.6	Anforderungen an einen Lösungsansatz für Smarter Cities.	53

Literatur. 55

Smart Cities als Herausforderung

In diesem Buch widmen wir uns dem **Management von Städten** aus **betriebswirtschaftlicher Perspektive**. Warum tun wir das? Der erste Grund liegt auf der Hand: weil sich **weltweit** ein **Trend zur Urbanisierung** festhalten lässt. Seit 2008 lebt **mehr als die Hälfte der gesamten Menschheit in Städten** – das Ergebnis einer „Landflucht" (Glaeser 2011). Dies gilt auch für Deutschland. Dieser Trend lässt sich u. a. damit begründen, dass **Städte** seit jeher das **Zentrum ökonomischer, soziokultureller und politischer Aktivitäten** darstellen. Städte bildeten schon immer den Ausgangspunkt für den Austausch von Waren und anderen Verkehrs- und Güterströmen. Außerdem wirken Städte attraktiv auf Menschen, da Städte Annehmlichkeiten (z. B. mit Blick auf den Transport), kulturelle Angebote (z. B. Opernhäuser), Ausbildungschancen und Arbeitsplätze (z. B. durch Unternehmen) sowie Zukunftsvisionen (z. B. von der Architektur) bieten. Vor diesem Hintergrund ist es nicht verwunderlich, dass Studien aus den Bereichen Politikforschung, Ökonomie, Soziologie und Wirtschaftsgeografie seit jeher Städte als Untersuchungsobjekt heranziehen. Die entsprechenden Diskurse sind teilweise schon über einhundert Jahre alt. Bereits einer der Gründungsväter der Soziologie, der Deutsche Max Weber, verfasste ein Buch über Städte.

Der Trend hin zur Urbanisierung wird jedoch von einer von immer drängenderen **Herausforderungen** begleitet, denen Städte aktuell gegenüberstehen. Hierzu zählt die **demografische Entwicklung** in weit entwickelten Industrienationen, wie z. B. Deutschland. Der demografische Wandel führt zu zahlreichen Problemen hinsichtlich der Versorgung älterer Menschen und deren Mobilität. Außerdem stellen der **Klimawandel** und die gesundheitliche Belastung durch das Leben in Städten eine weitere Herausforderung dar. Eng damit verbunden sind auch zahlreiche Aufgaben mit Blick auf die **Mobilität**, u. a. die Bereitstellung öffentlicher Transportmöglichkeiten und der Infrastruktur. Darüber hinaus bedarf es innovativer **Energiekonzepte**, um Städte angemessen versorgen zu können. Hier schließt sich wiederum ein anderer Brennpunkt an: die Energieeffizienz von existierenden bzw. neu zu bauenden **Gebäuden**. Nicht zuletzt ist die Frage der Nähe von Wohnen und Arbeiten und somit die Re-Industrialisierung des städtischen Raums weiterhin offen.

Die Dringlichkeit all dieser Themen wird noch dadurch untermauert, dass Veränderungen bzw. **Innovationen im städtischen Bereich** in der Umsetzung wesentlich längere Zeiträume benötigen, als dies beispielsweise bei der Implementierung neuer Informations- und Kommunikationstechnologien in Unternehmen der Fall ist. Heutige Städte müssen sich diesen Fragen stellen und sinnvolle Antworten bieten.

Schließlich sei noch auf zwei, alle genannten Bereiche tangierende Herausforderungen verwiesen: erstens gilt es **neue Formen der Kooperation und Koordination zu entwickeln**. Denn nur durch die Schaffung von geeigneten Rahmenbedingungen für einen Austausch zwischen den Akteuren ist es möglich, sich an die sich immer rasanter wandelnden Rahmenbedingungen **anzupassen.** Beispielsweise spielen Bürger und Nichtregierungsorganisationen heutzutage eine wesentlich einflussreichere Rolle, als dies bisher der Fall war. Deren Einfluss auf die Wähler und Steuerzahler wird für Städte zunehmend von Belang, wie es die fehlende Bürgereinbindung am Beispiel des kontroversen Bauprojekts am Stuttgarter Hauptbahnhof („Stuttgart 21") verdeutlicht. Zweitens kommt der intelligenten **Vernetzung der städtischen Akteure und Aktivitäten auf Basis der IT-Infrastruktur** ein immer größeres Gewicht zu. Diese beiden quer liegenden Herausforderungen sind nunmehr zentrale Merkmale dessen, was vor allem in der Praxis, aber auch in Grundzügen in der Wissenschaft, unter **Smart Cities** diskutiert wird. An dieser Stelle soll der Verweis genügen, dass wir unter Smart Cities ein Städtemanagement verstehen, welches darauf abzielt, die Zukunftsfähigkeit von Städten sicherzustellen. Um dieses Ziel zu erreichen, wird mehr Lebensqualität durch eine (unter anderem IT-basierte) Vernetzung von Städten und deren Infrastrukturen und Menschen angestrebt, die u. a. mit mehr Lebensqualität und neuen Formen politischer Partizipation einhergeht (für Details s. 2.1.2).

Angesichts der Relevanz von Städten und der Notwendigkeit, den skizzierten Herausforderungen zu begegnen, ist es erstaunlich, dass **bisher kaum Ansätze aus dem Bereich der Betriebswirtschaftslehre** vorliegen, die sich genuin mit Städten und deren Management befassen. Die Diskussion um sog. Smart Cities bietet hier wie angedeutet einen willkommenen Anknüpfungs- bzw. Kristallisationspunkt zur Verbindung existierender Ansätze aus Forschung und Praxis. Maßgeblich durch die Unternehmenspraxis geprägt, z. B. durch IBM, Siemens oder General Electric, wollen wir im Folgenden als **Zielsetzung das Phänomen Städte bzw. Smart Cities aus betriebswirtschaftlicher Perspektive näher beleuchten**.

Das **weitere Vorgehen** ist wie folgt: Zunächst arbeiten wir betriebswirtschaftliche Fragestellungen und Perspektiven für das Management heraus. Daraufhin erörtern wir Herausforderungen und Themenfelder aus der Unternehmens- und Verwaltungspraxis. Fallbeispiele von IBM, die mit ihrer Smart Cities-/Smarter-Planet-Kampagne maßgeblich zur Verbreitung des Begriffs beigetragen haben, runden unsere Ausführungen ab.

Smart Cities-Zugänge aus betriebswirtschaftlicher Perspektive

2.1 Strategisches Management als Basis für Smart Cities

2.1.1 Überblick

Als erstes betriebswirtschaftliches Konzept wollen wir das strategische Management als Zugang zur Steuerung von Smart Cities einführen. Der Begriff strategisches Management ist eng verbunden mit dem operativen Management. Strategisches Management hat zum Ziel, **Erfolgspotenziale für eine Organisation zu erschließen**, wohingegen das operative Management diese Erfolgspotenziale nutzen soll. Prozessual unterteilt sich das strategische Management in die Strategieentwicklung und die Strategieumsetzung. Betrachten wir zuerst die Strategieentwicklung näher:

In einem ersten Schritt erfolgen **interne und externe Analysen**. Ziel der internen Analyse ist die Bestandsaufnahme der Leistungsfähigkeit der Stadt. Dazu sind die wesentlichen Leistungsdimensionen festzulegen. Für jede dieser Leistungsdimensionen sind geeignete Indikatoren zu entwerfen, um die Leistungsfähigkeit sinnvoll messen zu können. In der Literatur sind zwar schon einige Ansätze dazu vorhanden – von einem Konsens kann allerdings nicht gesprochen werden.

Ziel der externen Analyse ist es, **Chancen und Risiken** im Umfeld der Stadt zu identifizieren. Wenn wir davon ausgehen, dass die überwältigende Mehrheit der Städte erst am Beginn der Transformation zur Smart City steht, ist es Ziel der externen Analyse, einen Vergleich mit einem Idealbild einer Smart City vorzunehmen. Aus diesem Vergleich werden sowohl Chancen als auch Risiken der Transformation deutlich.

Auf Basis der Ergebnisse der Analyse werden in einem zweiten Schritt **Strategieoptionen** erarbeitet. In der Betriebswirtschaftslehre wurde hierzu als heuristisches Hilfsmittel die Methode „Business Model Canvas" entwickelt (Osterwalder und Pigneur 2011).

Die verschiedenen **Strategieoptionen** werden in einem dritten Schritt **bewertet**. In der Regel existieren mehr Optionen als ressourcenbedingt umsetzbar sind. Daher dient die Bewertung in der Regel der Priorisierung. Grundsätzlich können wir zwischen **quantitativer und qualitativer Bewertung** unterscheiden. Erstere basiert in der Regel auf Zahlungsströmen: Bewertungsmaßstab ist dann der Barwert sämtlicher Ein- und Auszahlungen, die mit der jeweiligen Strategieoption verbunden sind. Im Kontext des strategischen Managements von Städten sollte die quantitative Bewertung nicht anhand von klassischen Zahlungsströmen erfolgen, sondern anhand des Beitrags zum sog. „Public Value". Unter **Public Value** wollen wir im Folgenden den **Mehrwert der Aktivitäten** der in einer Stadt tätigen Akteure verstehen.

2.1.2 Smart Cities: Begriffliche Grundlagen

Das Themengebiet „Smart City" wird von mehreren Seiten getrieben. Einerseits durch die **Perspektive von Unternehmen** wie beispielsweise IBM, General Electric, Siemens, Cisco Systems oder Huawei, die sich mit ihren Technologien und Lösungsangeboten einen attraktiven Markt erschließen wollen. Denn das Marktvolumen für Smart City-Technologien im Zeitraum von 2010 bis 2020 wird auf 108 Mrd. US$ geschätzt (Navigant Research 2011, zitiert nach Galdon-Clavell 2013, S. 717). Der Markt scheint zum aktuellen Zeitpunkt **stärker durch das Angebot getrieben** zu sein als durch tatsächliche Nachfrage vonseiten der Stadtverwaltungen (Bélissent 2010, S. 20).

Andererseits besitzt das Thema „Smart City" auch aus der **Perspektive des öffentlichen Sektors** große Relevanz. Die Europäische Union zeichnet sich durch einen hohen Urbanisierungsgrad aus: 75 % der Europäer wohnen in Städten. Sowohl unter ökologischen als auch unter ökonomischen Gesichtspunkten bieten „smarte" Technologien Chancen für Städte. Da 70 % des europäischen Energieverbrauchs auf Städte entfällt, bieten beispielsweise smarte Stromnetze und eine intelligente Verbrauchssteuerung ein großes Potenzial zur Reduzierung des Energieverbrauchs und somit zur Reduzierung des CO_2-Ausstoßes. Intelligente Systeme in Städten können beispielsweise im Rahmen der verbesserten Verkehrssteuerung ein **hohes ökonomisches Nutzenpotenzial** bieten, da Schätzungen zufolge Verkehrsstaus in der Europäischen Union einen volkswirtschaftlichen Schaden in Höhe von einem Prozent des BIP hervorrufen (Europäische Kommission 2014).

Um fortan mit dem Begriff der Smart City im Rahmen unserer Ausführungen arbeiten zu können, soll der Begriff nunmehr näher definiert werden. Diesbezüglich ist eine **Bandbreite von verschiedenen Definitionen** zu konstatieren. Technologieunternehmen stellen bei ihrer Definition des Begriffs naturgemäß insbesondere vernetzte Kommunikations- und Informationssysteme in den Mittelpunkt, wie beispielsweise die Definition von IBM zeigt: *„A city is an interconnected system of systems. A dynamic work in progress, with progress as its watchword. A tripod [infrastructure, operations, people] that relies on strong support for and among each of its pillars, to become a smarter city for all"* (IBM 2015).

Definitionen in der **wissenschaftlichen Literatur** hingegen fügen dem Begriff Smart City weitere Aspekte wie nachhaltiges Wachstum, Lebensqualität sowie neue Formen der politischen Partizipation hinzu. Die Definition von Caragliu et al. (2011) umfasst die wesentlichen in der Literatur genannten Aspekte: *„We believe a city to be smart when investments in human and social capital and traditional (transport) and modern (ICT) communication infrastructure fuel sustainable economic growth and a high quality of life, with a wise management of natural resources, through participatory governance"* (Caragliu et al. 2011, S. 70).

2.1.3 Interne Analyse: Leistungsdimensionen von Smart Cities

Eine Smart City umfasst nach Giffinger et al. (2007, S. 11) folgende **sechs Leistungsdimensionen**, welche die Grundlage für die interne Analyse im Rahmen des Strategieentwicklungsprozesses bilden:

- Smart Economy
- Smart People
- Smart Governance
- Smart Mobility
- Smart Environment
- Smart Living

In den folgenden Absätzen möchten wir die einzelnen Dimensionen näher erläutern. Diese Dimensionen bestehen aus unterschiedlichen Faktoren, von denen sie beeinflusst werden. Unterschiedliche Beispiele dienen dabei der Illustration, wie Smart Cities diese durch Maßnahmen beeinflussen können. Im Anschluss präsentieren wir einen Vorschlag für Indikatoren zur Messung der Leistungsfähigkeit einer Stadt in Bezug auf die jeweilige Leistungsdimension. Diese bilden den **Rahmen für die interne Analyse** bei der Strategieentwicklung, bei der eigene Stärken und insbesondere Schwächen aufgedeckt werden sollen.

Die Dimension „**Smart Economy**" umfasst Faktoren, welche die **Wettbewerbsfähigkeit der Stadt** abbilden. Dazu zählen beispielsweise Innovationsgeist, Unternehmertum, Produktivität, Arbeitsmarktflexibilität und die Internationalität der Stadt (Giffinger et al. 2007, S. 12). Städte können ihre Wettbewerbsfähigkeit durch die Transformation zur Smart City verbessern, indem sie beispielsweise Plattformen für den Austausch mit der Gründerszene, mit innovativen Unternehmen und mit Investoren schaffen und so die Hürden zur Gründung von Unternehmen senken (Caragliu et al. 2011, S. 68). Durch die öffentliche Bereitstellung von in der Stadt generierten Daten („Open Data"; Hilgers et al. 2010; Kowalski et al. 2015) können Smart Cities innovative Geschäftsmodelle ermöglichen. Eine Vernetzung der Unternehmen untereinander, mit lokalen Behörden, Serviceeinrichtungen und Arbeitnehmern kann den regionalen Arbeitsmarkt stabilisieren und gleichzeitig flexibilisieren. Die in der nachfolgend angeführten Tabelle aufgeführten Indikatoren zeigen Ansatzpunkte für die Messung der Leistungsfähigkeit auf, welches ein anspruchsvolles Unterfangen darstellt (z. B. Auswahl der Indikatoren, Messbarkeit, Gewichtung der Faktoren/Indikatoren, (Un-)Abhängigkeit der Faktoren/Indikatoren) (Tab. 2.1).

Tab. 2.1 Mögliche Indikatoren zur Messung der Leistungsfähigkeit in der Dimension „Smart Economy". (Quelle: in Anlehnung an Giffinger et al. 2007, S. 22)

Dimension	Faktor	Indikatoren
Smart Economy	Innovationsgeist	• Durchschnittliche F&E-Quote der ansässigen Unternehmen
	Unternehmertum	• Zahl der Unternehmensgründungen pro Jahr • Anteil der Selbstständigen an der Erwerbsbevölkerung
	Produktivität	• Erwirtschaftetes BIP pro Erwerbsperson
	Arbeitsmarktflexibilität	• Arbeitslosenquote • Durchschnittliche Verweildauer in der Arbeitslosigkeit • Anteil der Erwerbsbevölkerung, die in Teilzeit arbeitet
	Internationalität	• Zahl der ansässigen börsennotierten Unternehmen • Zahl Flugpassagiere pro Jahr

Bei der Dimension „**Smart People**" stehen das **Human- und Sozialkapital** im Vordergrund. Die dazugehörigen Faktoren sind unter anderem das Qualifikationsniveau der Bürger, die Bereitschaft zum lebenslangen Lernen, soziale und ethnische Vielfalt, die Teilnahme der Bürger am öffentlichen Leben und die Weltoffenheit der Stadt. Die Qualität der sozialen Interaktionen der Bürger untereinander bestimmt das soziale Kapital einer Stadt (Giffinger et al. 2007, S. 11; Caragliu et al. 2011, S. 68). Insbesondere hierin liegt ein Ansatzpunkt für Smart Cities. Sie können durch die gezielte Förderung von Kultureinrichtungen und Veranstaltungen in den einzelnen Quartieren den Austausch der Bürger untereinander fördern und so einen Gegenpol zur vorherrschenden Anonymität in der Stadt schaffen (Schüßler et al. 2015; Tab. 2.2).

Die Dimension „**Smart Governance**" bildet Faktoren wie die **Beteiligungsmöglichkeiten der Bürger** bei Entscheidungen, die Qualität der städtischen Dienstleistungen sowie die **Transparenz** des Verwaltungshandelns ab. Eine verbesserte politische Partizipation können Smart Cities mit interaktiven Internetauftritten ermöglichen, welche die Hürden zur politischen Beteiligung senken und so neue Plattformen für den Bürgerdialog bieten. Dadurch kann auch die Transparenz bei politischen Entscheidungsprozessen verbessert werden und so für eine höhere öffentliche Akzeptanz beispielsweise von Bauprojekten gesorgt werden. „Smart Governance" umfasst auch smarte Bürgerdienstleistungen. Dazu zählen einerseits online abwickelbare Behördengänge, andererseits beispielsweise die Bereitstellung von Echtzeitinformationen zur Verkehrssituation oder zur Belegung von Parkhäusern (Doran und Daniel 2014, S. 61; Tab. 2.3).

„**Smart Mobility**" umfasst als Leistungsdimension Faktoren wie **nachhaltige, innovative und sichere Verkehrssysteme**, die Erreichbarkeit der Stadt sowie die Verfügbarkeit von Informations- und Kommunikationstechnologien (Giffinger et al. 2007, S. 12). Ein Beispiel für Initiativen im Kontext von „Smart Mobility" ist die Stadt Amsterdam.

Tab. 2.2 Mögliche Indikatoren zur Messung der Leistungsfähigkeit in der Dimension „Smart People". (Quelle: in Anlehnung an Giffinger et al. 2007, S. 22)

Dimension	Faktor	Indikatoren
Smart People	Qualifikationsniveau	• Anteil der Bevölkerung mit Hochschulabschluss • Zahl der an der lokalen Universität oder Hochschule eingeschriebenen Studierenden
	Lebenslanges Lernen	• Anteil der Bevölkerung, die an berufsbegleitenden Studiengängen bzw. Fortbildungsmaßnahmen teilnimmt • Anteil der Bevölkerung, die an Sprachkursen teilnimmt
	Soziale und ethnische Vielfalt	• Ausländeranteil • Anteil der Personen mit ausländischen Wurzeln (mind. ein Elternteil nicht im Inland geboren) • Varianz der Mietpreise pro qm in einem Stadtteil
	Teilnahme am öffentlichen Leben	• Wahlbeteiligung • Zahl der ehrenamtlich Tätigen
	Weltoffenheit	• Zahl der Sozialwohnungen, die bevorzugt an Zugezogene aus dem Ausland vergeben werden • Anteil der Bürgerdienste die komplett in englischer Sprache abgewickelt werden können

Tab. 2.3 Mögliche Indikatoren zur Messung der Leistungsfähigkeit in der Dimension „Smart Governance". (Quelle: in Anlehnung an Giffinger et al. 2007, S. 22)

Dimension	Faktor	Indikatoren
Smart Governance	Möglichkeiten zur politischen Beteiligung	• Zahl der politischen Entscheidungen, zu denen über das Internet … • Anteil der städtischen Bauprojekte, zu denen eine Projektwebsite zur Bürgerinformation eingerichtet ist
	Städtische Dienstleistungen	• Anteil der Bürgerdienstleistungen, die online abgewickelt werden können • Zahl der öffentlich bereitgestellten Datensätze • Anteil der Kinder, die in städtischen Kinderbetreuungseinrichtungen betreut werden
	Transparentes Regierungshandeln	• Anteil der Protokolle und Berichte, die online abrufbar sind • Zahl der jährlich von Stadtpolitikern gegebenen Interviews mit Journalisten

Mit Sensoren ausgestattete und vernetzte Parkplätze können von Autofahrern über das Internet vorab auf ihre Verfügbarkeit geprüft und reserviert werden. So konnte die durchschnittlich für die Parkplatzsuche benötigte Zeit von aktuell 20 min deutlich gesenkt werden und die damit einhergehende Schadstoff- und Lärmbelastung in der Stadt gesenkt werden (AmsterdamSmartCity 2015). Smart City-Initiativen beinhalten in vielen Fällen auch eine vernetzte und intelligente Verkehrssteuerung. Durch eine intelligente Verkehrs- und Ampelsteuerung zu Stoßzeiten oder bei Störungen kann der Verkehrsfluss verbessert und Staus können vermieden werden. Ein Beispiel für die Leistungsfähigkeit einer vernetzten Verkehrssteuerung ist das Londoner Traffic Coordination Centre (TCC): bei einer empfindlichen Störung im U-Bahnnetz während der olympischen Spiele 2012 konnten innerhalb von 11 min Alternativrouten eingerichtet und an die Fahrgäste kommuniziert werden (Arup et al. 2015, S. 18; Tab. 2.4).

Die Dimension „**Smart Environment**" beinhaltet Faktoren wie den **Umweltschutz**, die Reduzierung der Umweltverschmutzung, den **nachhaltigen Ressourceneinsatz** sowie die Attraktivität der Umweltbedingungen (Giffinger et al. 2007, S. 12). Im Vordergrund steht dabei vor allem der Schutz von bestehenden Grünflächen vor Flächenversiegelung und Investitionen in die Stadtbegrünung. Ein Beispiel für erfolgreiche Stadtbegrünung ist Singapurs Garden-City-Initiative. Durch den Schutz von natürlichen Grünflächen, den Ausbau der Straßenbegrünung und die Schaffung von vertikalen Grünflächen an Häusern konnte eine Vegetationsbedeckung der Stadtfläche von 56 % erreicht

Tab. 2.4 Mögliche Indikatoren zur Messung der Leistungsfähigkeit in der Dimension „Smart Mobility". (Quelle: in Anlehnung an Giffinger et al. 2007, S. 23)

Dimension	Faktor	Indikatoren
Smart Mobility	Nachhaltige und innovative Verkehrssysteme	• Anteil der Kreuzungen bzw. Verkehrsknoten, die mit einer intelligenten Steuerung vernetzt sind • Anteil der Parkplätze, deren Verfügbarkeit in Echtzeit online abrufbar ist • Zahl der Ladestationen für Elektroautos im öffentlichen Verkehrsraum • Zahl der jährlich mit Carsharing-Angeboten zurückgelegten Kilometer
	Erreichbarkeit	• Pendleranteil in der Erwerbsbevölkerung • Zahl der Städte mit mehr als 100.000 Einwohnern, die innerhalb von zwei bzw. fünf Stunden erreichbar sind • Zahl der Flughäfen, von denen aus der lokale Flughafen direkt angeflogen wird
	Verfügbarkeit von IKT	• Netzabdeckung im öffentlichen Raum • Anteil des unterirdischen Verkehrsnetzes mit Mobilfunkempfang • Anteil der Nahverkehrslinien, die mit WLAN ausgestattet sind

Tab. 2.5 Mögliche Indikatoren zur Messung der Leistungsfähigkeit in der Dimension „Smart Environment". (Quelle: in Anlehnung an Giffinger et al. 2007, S. 23)

Dimension	Faktor	Indikatoren
Smart Environment	Umweltschutz	• CO_2-Ausstoß je Einwohner • Jährliches Budget für Naturschutzmaßnahmen • Anteil der Fläche, die von Vegetation bedeckt ist • Artenvielfalt
	Umweltverschmutzung	• Smog • In den Sommermonaten erreichte Ozonwerte • Feinstaubbelastung an Verkehrsknoten und in Wohngegenden
	Nachhaltiger Ressourceneinsatz	• Anteil der erneuerbaren Energien im Energiemix • Anteil des Stromnetzes, der zum Smart Grid ausgebaut ist • Lokale Speicherkapazitäten für Energie in Megawattstunden
	Attraktivität der Umweltbedingungen	• Parkfläche pro 1.000 Einwohner • Durchschnittliche Sonnenscheindauer • Zufriedenheit der Bürger mit der Sauberkeit der Stadt

werden (Tan et al. 2013, S. 26). Städtische Grünflächen dienen neben der erhöhten Attraktivität beispielsweise zur Reduzierung der Schadstoffbelastung, zur Verbesserung des Mikroklimas und zur Lärmabsorption. Darüber hinaus können Smart Cities, insbesondere Maßnahmen im Bereich „Smart Mobility", die Umweltbelastung durch den Verkehr senken (Tab. 2.5).

Die Faktoren der Dimension „**Smart Living**" sind solche, die zur **Lebensqualität** einer Stadt beitragen. Dazu zählen die Qualität der kulturellen Einrichtungen, die Gesundheitsversorgung, die Sicherheit, die Wohnqualität, die Qualität der Bildungseinrichtungen sowie der soziale Zusammenhalt (Giffinger et al. 2007, S. 12). Informations- und Kommunikationstechnologien können Smart Cities insbesondere im Bereich der Sicherheit unterstützen. Computergestützte, datenbasierte Analysen können die Polizeiarbeit durch sogenanntes Predictive Policing unterstützen. Dabei werden Daten aus unterschiedlichen Quellen gesammelt und mit Daten von Straftaten abgeglichen. Dies geschieht mit dem Ziel, Muster im Datensatz zu finden, die Straftaten vorangehen. Durch verstärkte Polizeipräsenz an potenziellen Verbrechensschauplätzen können Straftaten so im Vorfeld verhindert oder es kann zumindest effektiver darauf reagiert werden (Beck und McCue 2009; Pearshall 2010, S. 16; Tab. 2.6).

Tab. 2.6 Mögliche Indikatoren zur Messung der Leistungsfähigkeit in der Dimension „Smart Living". (Quelle: in Anlehnung an Giffinger et al. 2007, S. 23)

Dimension	Faktor	Indikatoren
Smart Living	Kulturelle Einrichtungen	• Durchschnittliche Kinobesuche je Einwohner im Jahr • Zahl der Museumsbesucher pro Jahr • Anteil der Jugendlichen, die öffentliche Kulturwerkstätten oder Jugendeinrichtungen besuchen
	Gesundheitsversorgung	• Durchschnittliche Lebenserwartung • Verfügbare Krankenhausbetten je Einwohner • Ärzte je Einwohner
	Sicherheit	• Verbrechensrate • Zahl der durch Gewaltverbrechen umgekommenen Personen • Einbrüche je 1.000 Haushalte im Jahr • Durchschnittliche Aufklärungsdauer bei Straftaten • Anteil der unaufgeklärten Straftaten
	Wohnqualität	• Durchschnittlicher Wohnraum je Einwohner in qm • Zufriedenheit mit der Wohnsituation
	Sozialer Zusammenhalt	• Armutsquote • Zahl der Kinder, die in durch Hartz IV unterstützten Haushalten leben • Zahl der Personen, die regelmäßig einen Tafelladen oder ein vergleichbares Angebot besuchen

2.1.4 Externe Analyse

Ziel der externen Analyse im Rahmen des strategischen Managements ist es, Chancen und Risiken im Umfeld der Stadt zu identifizieren. Aktuell steht allerdings die Mehrheit der Städte erst am Beginn der Transformation zu einer Smart City. Somit kann als Hilfskonstrukt für die externe Analyse ein Benchmarking definiert werden, nämlich einen Vergleich mit einem Idealbild einer Smart City vorzunehmen. Basierend auf diesem Vergleich können sowohl **Chancen als auch Risiken** der Transformation abgeleitet werden.

Durch Benchmarking können **Best Practices** identifiziert und die die eigene Situation besser verstanden werden. Im Anschluss können die Best Practices auf die eigene Stadt angepasst und integriert werden. Best Practices sind dabei Methoden und Zustände, die allgemein zwei Betrachtungsebenen umfassen: Bei der Effektivität geht es darum, die richtigen Dinge zu tun. Demgegenüber steht die Effizienz. Thema hierbei ist es, die Dinge richtig zu tun. Diese Analyse bietet sodann Ansatzpunkte für das strategische Management, um Chancen stärker zu nutzen oder identifizierte Risiken zu umgehen (Budäus 2005, S. 404). Als Basis des Benchmarks dient ein Idealbild einer Smart City, welche sich an den sechs Leistungsdimensionen orientiert.

Smart Economy (Wettbewerbsfähigkeit)
Zur Leistungsdimension Smart Economy zählen im Allgemeinen die **Innovationskraft von Unternehmen und Mitarbeitern,** die Produktivität sowie ein flexibler

Arbeitsmarkt. Die Smart City ist ein attraktiver Standorte für Handel, Gewerbe und Dienstleistungen. Die Distanz zwischen Wohn- und Arbeitsort ist dabei in der Regel sehr gering. Folglich sind auch Produktionsstandorte in das Stadtbild integriert, welche eine minimale Emissionsbelastung aufweisen. Die Fabriken sind nach Industrie 4.0-Standards konzipiert (VDE 2014, S. 5). Darunter fallen beispielsweise selbst organisierende Produktionssysteme, die sich über cyberphysische Systeme regeln. Durch den Einsatz von Informations- und Kommunikationstechnologien (IKT) stehen sämtliche Informationen entlang der gesamten Wertschöpfungskette jederzeit in Echtzeit zur Verfügung. Die Logistik innerhalb der Smart City wird durch die Maschine-Maschine-Kommunikation optimiert. Diese Kommunikation führt zu transparenten und optimierten Lieferprozessen und Verkehrsströmen durch ein Monitoring der Lagerbestände in Echtzeit. Die Unternehmenslandschaft innerhalb der Smart City ist stark von innovativen Start-ups geprägt (VDE 2014, S. 6). In Verbindung mit Industrie 4.0-Unternehmen ergibt sich eine sehr hohe Investitionsquote in Forschung und Entwicklung sowie eine hohe Produktivität der Beschäftigten. Diese Produktivität steht im Zusammenhang mit hoch qualifizierten Arbeitskräften. Ein Großteil der Arbeitnehmer ist in wissensintensiven Branchen beschäftigt (Giffinger et al. 2007, S. 22).

Smart Governance (Partizipation)
Die Leistungsdimension Smart Governance wird durch die **Beziehung zwischen Stadtverwaltung und Bürgern** charakterisiert. In einer Smart City findet eine hohe Partizipation ihrer Bürger an Entscheidungen statt. Diese Kommunikationsangebote sind dabei auf die einzelnen Beteiligten genau zugeschnitten, um eine möglichst hohe Partizipation sicherzustellen (Selle 2005, S. 480). Indikatoren hierfür sind z. B. die politische Aktivität der Bürger, die Anzahl von Stadträten pro Bürger oder der Frauenanteil im Stadtrat (Giffinger et al. 2007, S. 22). Die Kommunikation in dieser Beziehung erfolgt durch neue digitale Kanäle (E-Government), welche sämtliche Akteure innerhalb der Smart City vernetzen. Dadurch ist eine direkte Durchführung aller Verwaltungs- und Partizipationsprozesse zwischen Verwaltung und Bürgern, aber auch zwischen einzelnen Behörden möglich. Die Smart City versteht sich demnach als moderner Dienstleister (VDE 2014, S. 5).

Smart People (Sozial- und Humankapital)
Um diese stärkere Partizipation ermöglichen zu können, bedarf es nicht nur neuartiger Prozesse, sondern auch **gebildeter Bürger**, die diese Rolle bzw. Verantwortung ausfüllen können (Smart People). Gepaart mit einer kreativen Atmosphäre, herrscht in der Smart City ein lebenslanges Lernen vor (Jaekel et al. 2013, S. 12).

Smart Mobility (optimierte Verkehrsführung)
Unter der Leistungsdimension Smart Mobility versteht man nicht die Entwicklung neuartiger Verkehrsmittel, sondern die **Optimierung vorhandener Verkehrsangebote** durch Informations- und Kommunikationstechnologien (IKT). Die Smart City ist bevölkert mit Fahrzeugen, die miteinander kommunizieren können. Das Verhalten der

Fahrzeuge wird vom Verkehrsmanagement gemessen und prognostiziert. Daraus ergibt sich eine Steuerung des Schwarmverhaltens (Schwarmintelligenz; VDE 2014, S. 5.). Die Grundlage für die optimierten Verkehrsströme sind Echtzeit-GPS-Daten (z. B. Geschwindigkeit, Standort), Reisedaten sowie mit Sensoren ausgestattete Straßen. Im Forschungsprojekt *Travolution* von Audi vernetzt sich das Auto über das Mobilfunknetz mit dem Verkehrsmanagement, das für die Steuerung der Ampelanlagen in der Stadt verantwortlich ist. Aus dieser Vernetzung kann der Fahrer vielfältige Informationen auf dem Display abrufen, z. B. die optimale Geschwindigkeit, um die nächste Ampel bei grün überfahren zu können (Audi 2015). Zu den vorhandenen Verkehrsangeboten zählt auch der öffentliche Nahverkehr. Durch IKT tauschen verschiedene Verkehrsträger wie Bahn und Bus Daten aus und stimmen die Taktung aufeinander ab.

Smart Environment (Nachhaltigkeit und Ressourcen)
Die Smart City ist durch eine dezentrale und flexible Einspeisung unterschiedlichster Energieträger geprägt. Grundlage dessen ist der sehr hohe Anteil von erneuerbaren Energien, welche aber, wie z. B. Solar- und Windenergie, nicht konstant Energie liefern und in das Netz verteilt werden können. Deshalb gibt es in der Smart City eine **Abstimmung** zwischen Erzeugung, Einspeisung, Speicherung und Verbrauch der erneuerbaren Energien (Smart Grid). Vergleichbar mit der Smart Economy liegen alle Informationen im Energiesystem, wie z. B. Zuführung und Verbrauch, durch cyberphysische Systeme in Echtzeit vor. Mit diesen wertigen Informationen (Al-Hader et al. 2009, S. 94) können Versorgungsengpässe vermieden und das Energiesystem kann effizient gesteuert werden (VDE 2014, S. 5). Darüber hinaus verfügt die Smart City sowohl über einen hohen Anteil an Grünflächen als auch über einen sehr geringen CO_2-Ausstoß pro Kopf. Der ab dem Jahr 2020 EU-weit geltende maximale Jahresmittelwert für Feinstaub von 20 µg/m^3 wird in der Smart City bereits heute unterschritten (Umweltbundesamt 2015).

Smart Living (Lebensqualität)
Die Smart City vereint in der Leistungsdimension Smart Living sowohl innovative Technologien, die das tägliche Leben ihrer Bürger unabhängig vom Alter vereinfachen, als auch eine **hohe Lebensqualität**, die auf kulturellen Angeboten, Sicherheit und Gesundheit basiert. Eine dieser Technologien firmiert unter dem Begriff Ambient Assisted Living (AAL) – „Altersgerechte Assistenzsysteme für ein gesundes und unabhängiges Leben" (Georgieff 2008, S. 23). Dabei handelt es sich um Systeme, Produkte oder Dienstleistungen, die auf Grundlage neuer Technologien die Menschen und ihr soziales Umfeld miteinander verbinden und verbessern (VDE 2014, S. 4). Im betreuten Wohnen der Smart City sind beispielsweise die Bewohner mit Monitoring-Systemen ausgestattet, die Notfälle bereits vorhersagen und automatisch melden können (Georgieff 2008, S. 34). Was die allgemein hohe Lebensqualität betrifft, besitzt die Smart City eine große Zahl an Museen und Theatern, eine sehr geringe Kriminalitätsrate sowie eine durchschnittliche Lebenserwartung der Bürger.

2.1 Strategisches Management als Basis für Smart Cities

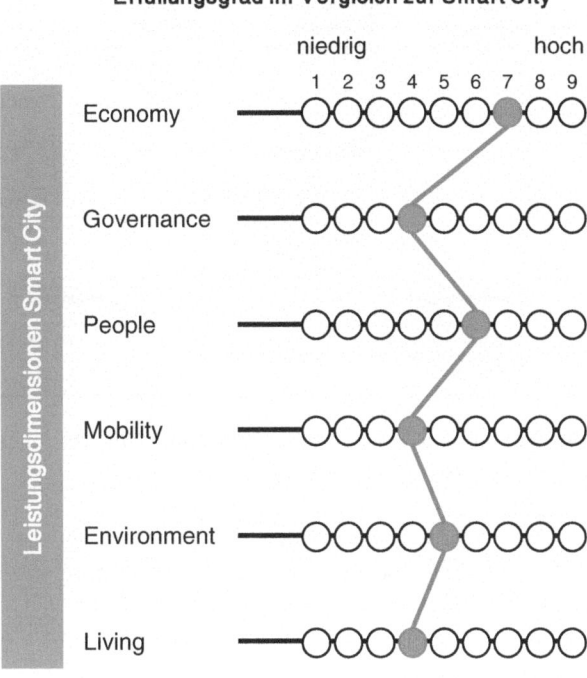

Abb. 2.1 Benchmarking einer Smart City

Benchmarking
Bei der Untersuchung, ob ein eine bestimmte Leistungsdimension der eigenen Stadt eine Stärke oder Schwäche darstellt, ist der **Vergleich mit dem Idealbild** der Smart City notwendig. Das Benchmarking kann demnach anhand eines Stärken/Schwächen-Profils auf Basis der sechs Leistungsdimensionen erfolgen (Abb. 2.1).

2.1.5 Auffinden von Strategieoptionen

Nachdem in der externen Analyse Chancen und Risiken im Umfeld der Stadt abgeleitet wurden, gilt es nun vor diesem Hintergrund strategische Optionen zu identifizieren. Ein heuristisches Instrument hierfür ist die **Business Model Canvas**. Sie besteht aus neun verschiedenen Elementen. Für jedes einzelne Element können Kernfragen gestellt werden, welche anschließend beantwortet werden müssen (Osterwalder und Pigneur 2011, S. 23 ff.). Die Übertragung dieser Methode auf den städtischen Kontext resultiert in zehn verschiedenen Elementen. Die Dimension *Technologien* ist neben angepassten Elementen ein zusätzlicher Baustein des Business Model Canvas zur Identifikation von strategischen Optionen für die Smart City.

In der praktischen Umsetzung der Business-Model-Canvas-Methode werden zu jedem Element in Stichworten Ideen bzw. Antworten auf Haftnotizen erarbeitet. Eine

Bürger	Unternehmen	Angebote und Leistungen	Ressourcen	Partner
Der Bürger ist der Einwohner der Smart City und ist zur politischen Mitwirkung berechtigt.	Unternehmen beschäftigen die Bürger der Smart City.	... versuchen Probleme zu lösen und die Bedürfnisse von Bürgern und Unternehmen zu befriedigen.	... sind die Güter, die zur Sicherstellung von Angeboten und Leistungen notwendig sind.	Manche Aktivitäten werden ausgelagert, und manche Ressourcen werden außerhalb der Smart City beschafft.
			Technologien ... sind die Treiber in der Smart City.	
		Beziehungen Die Angebote und Leistungen werden den Bürgern und Unternehmen durch Kommunikations-, Distributions- und Verkaufskanäle unterbreitet.	**Kernkompetenzen** ... führen zusammen mit den Ressourcen zur Erstellung des Leistungsangebots.	
Einnahmequellen Die Smart City bedient sich vielfältiger Einnahmequellen zur Finanzierung der Angebote und Leistungen, z.B. Public Private Partnerships, Gebühren für die Nutzung der vernetzten Stadtinfrastruktur			**Kostenstruktur** Der Smart City entsteht eine Reihe von Kosten, um die Angebote und Leistungen erbringen zu können.	

Abb. 2.2 Business Model Canvas einer Smart City. (In Anlehnung an Osterwalder und Pigneur 2011, S. 23 ff.)

interdisziplinäre Gruppe fördert die Funktionalität der Methode. Durch diese visuelle Technik können viele einzelne Ideen baukastenartig zu einem Modell integriert und zueinander in Beziehung gesetzt werden (Abb. 2.2).

2.1.6 Strategiebewertung

Im Anschluss an die Strategieentwicklung erfolgt die Bewertung der einzelnen strategischen Optionen. Die quantitative und qualitative Bewertung liefert die Grundlage für die Entscheidung für eine Strategieoption. Im betriebswirtschaftlichen Kontext werden im Regelfall die prognostizierten zukünftigen Zahlungsüberschüsse – die sogenannten Free Cashflows – diskontiert und auf Basis des Gegenwartswerts (Discounted Cashflow) die Strategieoptionen quantitativ bewertet. Im Kontext des Managements von Städten oder öffentlichen Einrichtungen ist eine quantitative Bewertung anhand des Discounted Cashflows nicht möglich. Der Grund hierfür liegt darin, dass – im Gegensatz zu gewinnorientierten Unternehmen – sich das Ergebnis der Wertschöpfung nicht in einer einheitlichen Einheit wie Geld ausdrücken lässt. Laut Moores (1995, S. 57) Ansatz sollten Manager von öffentlichen Einrichtungen Public Value schaffen. Er definiert dabei **Public Value** folgendermaßen: *„the definition that remains equates managerial success in the public sector with initiating and reshaping public sector in both the short and the long run."* (Moore 1995, S. 10) Diese Definition bleibt dabei wenig konkret und liefert keinen handhabbaren Ansatz zur tatsächlichen Anwendung.

Gemäß dem deutschen Philosophen Heyde (1926) resultiert ein **Wert** stets aus einer **Beziehung eines Subjekts mit einem zu bewertenden Objekt**. Unabhängig von dieser Beziehung kann kein Wert existieren (Heyde 1926, S. 77; zitiert nach Meynhardt 2009, S. 198). Der Beitrag einer strategischen Maßnahme zum Public Value kann somit nicht auf einer generischen Ebene bestimmt werden, da die der Beziehung zugrunde liegenden

Wertvorstellungen und Präferenzen in den einzelnen Städten und Gesellschaften unterschiedlich sind. Es gibt jedoch Ansätze zur tatsächlichen Messung des Public Value, die auf Befragungen basieren, wie beispielsweise der Schweizer „GemeinwohlAtlas" oder die **Public Value Scorecard**. Deren fünf Dimensionen können durch die folgenden fünf Leitfragen abgebildet werden: (Meynhardt 2013, S. 80)

- „Ist es sachlich gerechtfertigt?" – eine auf den sachlich-inhaltlichen Nutzen abzielende Frage.
- „Ist es profitabel?" – eine Überprüfung des finanziell-ökonomischen Nutzens.
- „Ist es anständig?" – eine moralisch-ethische Frage mit Fokus auf das Individuum.
- „Ist es politisch akzeptabel?" – eine Frage mit politisch-sozialem Fokus auf die Gruppe.
- „Ermöglicht es positive Erfahrungen?" – eine Frage, welche auf die Unlustvermeidung abzielt.

Durch die Bewertung von Strategiealternativen anhand einer Public Value Scorecard kann eine **objektivierte Entscheidungsgrundlage** geschaffen werden. Es sollten nur diejenigen Strategieoptionen in Betracht gezogen werden, die den Public Value steigern. Sind dieser Bewertung zufolge mehrere Alternativen lohnenswert, sollten sie im weiteren Auswahlprozess einer qualitativen Bewertung unterzogen werden.

Im Rahmen der **qualitativen Strategiebewertung** sollte eine Strategie stets auf Ihre **Plausibilität** hin geprüft werden. Im Mittelpunkt steht die Frage, ob die Strategie tatsächlich aus der Analyse abgleitet wurde und ob die am Prozess beteiligten Personen der Strategie zustimmen. Auch sollte die **Konsistenz** geprüft werden: Sind einzelne Elemente der Strategie etwa widersprüchlich? Werden wichtige Aspekte von der Strategie nicht berücksichtigt? Ein weiteres qualitatives Kriterium ist die **Machbarkeit**, um Probleme bei der Implementierung schon bei der Auswahl der Strategie zu berücksichtigen. Dabei sollten die für die Umsetzung der Strategie notwendigen Ressourcen auf ihre Verfügbarkeit hin überprüft und es sollte die Frage geklärt werden, ob im Umfeld eine ausreichende Veränderungsbereitschaft zur Umsetzung der Strategie besteht. Darüber hinaus ist auch die **Robustheit** der Strategie zu berücksichtigen, insbesondere im Hinblick auf verschiedene Umweltszenarien. Auch die **Nachhaltigkeit** sollte betrachtet werden. In diesem Zusammenhang sollte die Strategie darauf geprüft werden, wie schnell ein aus ihr erwachsender Wettbewerbsvorteil erodiert und ob zukünftige Megatrends (beispielsweise die demografische Entwicklung oder die Globalisierung) Berücksichtigung finden.

2.1.7 Strategieimplementierung

Da eine Smart City ein intelligentes Stadtmanagement notwendig macht, stellt sich die Frage, inwiefern die identifizierten strategischen Potenziale operationalisiert bzw. genutzt werden können. Ein Instrument zur Operationalisierung der strategischen Ziele ist die **Balance Scorecard**, die in der betriebswirtschaftlichen Sicht auf den vier verschiedenen Perspektiven (Kunden, Finanzen, Prozesse, Lernen und Entwicklung) basiert. Je Perspektive werden dem strategischen Ziel eine bestimmte Messgröße bzw. Kennzahl sowie ein Zielwert für diese Größe zugeordnet. Diese Kennzahlen können sowohl finanzieller als auch nicht-finanzieller Natur sein. Allerdings bekommen alle Kennzahlen und Indikatoren eine gleichwertige Bedeutung wie klassische finanzielle Kennzahlen und werden dadurch in den Fokus des Managements gebracht (Kaplan et al. 1996, S. 7 ff.). Anschließend werden Maßnahmen zur Zielerreichung definiert. Es ist allerdings dabei zu beachten, dass die verschiedenen Perspektiven in Ursache-Wirkungs-Beziehungen zueinander stehen (Kaplan et al. 1997, S. 9).

Dieses betriebswirtschaftliche Konzept kann in den Kontext des Stadtmanagements übertragen werden. Die beiden Perspektiven *Kunden* und *Finanzen* adressieren die wichtigsten Stakeholder eines Unternehmens; die Kunden und die Investoren. Auch in der Smart City stellt sich zunächst die Frage, wer die essenziellen Stakeholder einer Stadt sind. Die zentralen Akteure sind hierbei einerseits die **Bürger** und andererseits die **Unternehmen**. Diese Akteure agieren dabei als Investoren, indem sie einen Wohn- bzw. Unternehmenssitz in der Smart City errichten. Gleichzeitig treten diese beiden Akteure auch als Kunden öffentlicher und privater Güter der Stadt auf (Weig 2004, S. 145). Sowohl Bürger als auch Unternehmen haben also eine Doppelrolle als Kunden und Investoren. Die Prozessperspektive einer Smart City bezieht sich nicht nur auf die allgemeinen **Verwaltungsprozesse**, sondern auch auf **Betreuungsangebote** für Neugründungen bzw. -ansiedlungen von Unternehmen. Ein ausreichendes Angebot an qualifizierten Arbeitsstellen ist in diesem Zusammenhang ebenfalls als ein kritischer Standortfaktor für eine Stadt zu betrachten. Schließlich bildet die Perspektive *Lernen & Entwicklung* die nachhaltige Sicherung der **Zukunftsfähigkeit der Stadt** ab. Dies gilt sowohl für die ökologische als auch für die ökonomische und soziale Entwicklung (Weig 2004, S. 146; Abb. 2.3).

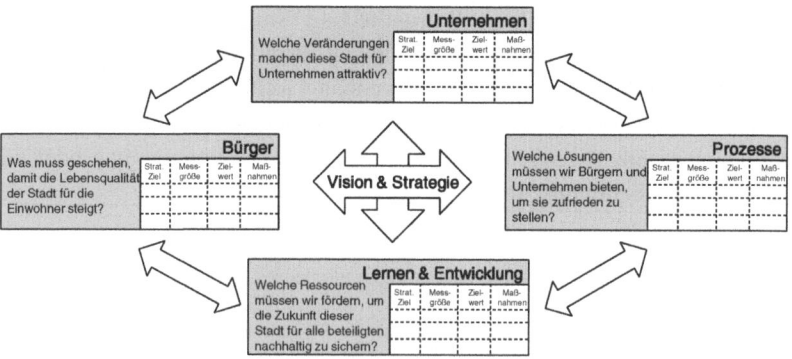

Abb. 2.3 Konzept einer Balanced Scorecard für eine Smart City. (In Anlehnung an Weig 2004, S. 147.)

2.2 Steuerung und Vernetzung

Steuerung – oder neudeutsch vielfach auch unter dem Begriff **Governance** diskutiert – zielt vor städtischem Hintergrund auf die Strukturen und Mechanismen ab, durch die das Zusammenleben der Personen und Organisationen in einer Stadt gehandhabt wird. Zentral für den städtischen Kontext ist dabei, dass die Akteure nicht isoliert sind, sondern in vielfacher Weise miteinander in Kontakt stehen. Daher wollen wir an dieser Stelle im Anschluss an eine Erörterung der zentralen Merkmale und Herausforderungen der Steuerungsstrukturen und -mechanismen einer Stadt noch näher die Vernetzungsthematik beleuchten.

Grundsätzlich wollen wir im städtischen Kontext aus der Netzwerkmanagementforschung abgeleitet **drei Governance-Formen** unterscheiden (Powell 1990 sowie für einen aktuellen Überblick Sydow et al. 2015):

- **Hierarchie** (s. auch Abschn. 3.1): der klassische Wesenszug der Verwaltung ist die Hierarchie, die durch eine klare Über- und Unterordnung der einzelnen Personen und Instanzen gekennzeichnet ist und durch Mechanismen der Delegation und Weisung gelebt wird. Die Stabilität dieser Organisationsform wird dabei durch ein Regelwerk gewährleistet, das in der Regel dauerhaft angelegt ist. Wie also beispielsweise ein Unternehmen zu besteuern ist, wird auf Basis existierender Gesetze (relativ) eindeutig geregelt.
- **Markt**: Diese Steuerungsform zeichnet sich dadurch aus, dass die Akteure voneinander relativ unabhängig sind. Beispielsweise kann die Verwaltung Büromaterial von einem externen Anbieter einmalig beziehen und ist keineswegs dazu verpflichtet, das zu tun. Diese Transaktion ist also durch preisliche Mechanismen bzw. Angebot und Nachfrage charakterisiert und erfordert keine intensive Beziehung zwischen den Transaktionspartnern.
- **Netzwerk**: Diese Kooperationsform lässt sich als Hybrid zwischen Markt und Hierarchie charakterisieren, weisen Netzwerke doch Elemente beider zuvor genannten Kooperationsformen auf. So können langfristige Beziehungen zwischen Verwaltung und einem Zulieferer zum Vertrauensaufbau führen und in längerfristigen Verträgen münden (beispielsweise beim Bezug von Büromaterial über einen zentralen Anbieter). Durch wiederholte Transaktionen wird also der Marktmechanismus mehr oder minder aufgeweicht. Demgegenüber besteht aber immer noch die Möglichkeit, die Beziehung auch im Anschluss an eine Phase etablierter Kooperation aufzukündigen. Insofern ist diese Kooperationsform noch unabhängiger zu betrachten, als dies bei einer organisationsinternen, hierarchischen Koordinations- und Kooperationsform der Fall ist.

Diese **drei Governance-Formen** sind oftmals insofern eng miteinander verbunden bzw. **koexistieren in der Realität**, als eine Organisation, wie beispielsweise die Stadtverwaltung, in unterschiedliche Kontexte eingebunden ist (s. hierzu Abb. 2.4). So agiert die Verwaltung organisationsintern klassisch hierarchisch im weberschen Sinne (s. hierzu auch Abschn. 3.1). Gleichzeitig wird sie aber unter Umständen auch gleichberechtigt mit anderen Städten kooperieren, etwa im Rahmen eines Public Private Partnership, also

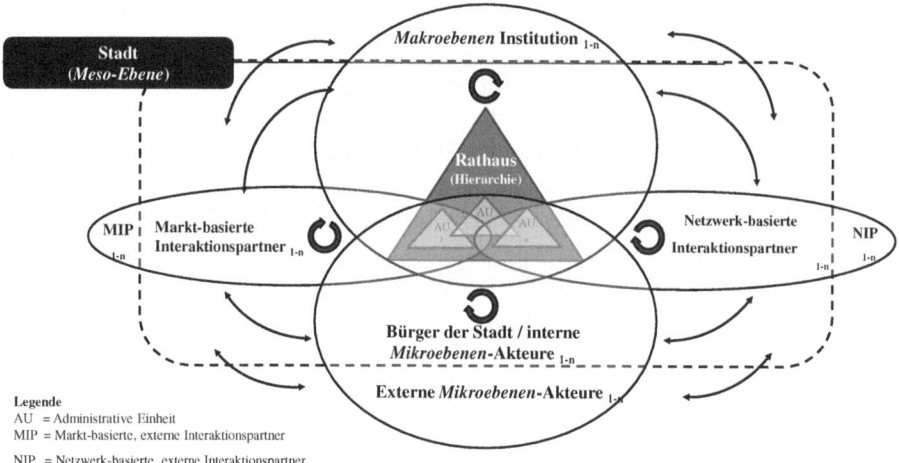

Abb. 2.4 Governance als vernetztes Phänomen

einer Kooperation zwischen einer Verwaltung und einer privatwirtschaftlichen Organisation zur Erfüllung einer am Gemeinwohl orientierten Aufgabe. Ein Beispiel wären Modernisierungsprojekte bei Autobahnen oder Krankenhäusern.

In diesem Zusammenhang kann es zur **Kollision der unterschiedlichen Governance-Logiken** kommen. Konkret führt dies oftmals bei Problemen im Rahmen der Kooperation dazu, dass die Praxispartner die Verwaltung als ‚zu bürokratisch' wahrnehmen. Demgegenüber wird der Praxispartner aus Sicht der Verwaltung häufig als unzuverlässig oder die Regeln missachtend wahrgenommen.

Diese **klassischen drei Governance-Formen werden dabei in Smart Cities zunehmend vermengt** (Müller-Seitz et al. 2015). So wird der Bürger im Zuge offener Verwaltungsprozesse (s. hierzu Abschn. 3.3) oft nicht mehr nur als passiver Empfänger von Anweisungen wahrgenommen. Die **Rolle des Bürgers wird als aktiv** wahrgenommen und dessen Engagement politisch gefördert. Zu denken wäre beispielsweise an eine Beteiligung an Bürgerhaushalten, virtuelle Rathaussitzungen (sogenannte Town Hall Meetings) oder an die Einbindung in die Entwicklung von städtischen Infrastrukturen (z. B. www.frankfurt-gestalten.de). Hierdurch werden letzlich die Annahme hierarchischer Strukturen innerhalb der Verwaltung und zwischen Verwaltung und Bürger unterlaufen.

Darüber hinaus lohnt es sich, über Governance-Formen nachzudenken, weil Verwaltungen selbst auch unterschiedlichen Governance-Logiken unterliegen, die u. U. auch miteinander kollidieren können. Zumindest bei näherer Betrachtung kommen diverse Konfliktpotenziale zutage, die wir hier nur kurz anreißen wollen. So ist eine Stadt keineswegs eine isolierte Einheit, die ‚nur' mit den Bürgern und Organisationen zu interagieren hat. Vielmehr gilt es, die **Einbettung von Städten** in unterschiedliche Kontexte zu berücksichtigen. Illustrativ sei einerseits auf die Städte Berlin und Potsdam verwiesen, die in direkter Nachbarschaft zueinander liegen und in vielerlei Hinsicht miteinander konkurrieren. So konkurrieren beide Städte beispielsweise um Touristen oder Studierende. Natürlich ist es keine reine Konkurrenz im klassischen Marktsinne, da die Städte auch voneinander profitieren (z. B. könnte ein Tourist in Berlin ein Hotel beziehen, aber auch Potsdam besichtigen).

Andererseits sei auf die Einbettung von Städten in **globale Waren- und Dienstleistungsströme** verwiesen. Standorte stehen aus Sicht von Unternehmen miteinander im Wettbewerb und dies führt dazu, dass Unternehmen oftmals in der Lage sind, Städte gegeneinander auszuspielen. So lässt sich bei der Vergabe von großen Produktionsstätten – die natürlich viele Arbeitsplätze und damit auch Steuereinnahmen versprechen – regelmäßig beobachten, dass Städte miteinander in Konkurrenzkampf treten.

Außerdem sind die Städte auch **in unterschiedliche Governance-Strukturen eingebunden**. Als anschauliches Beispiel sei auf die Stadt Berlin verwiesen. Berlin ist einerseits durch die unterschiedlichen Bezirke und deren oftmals von der Berliner Stadtregierung abweichenden parteipolitischen Spitzen charakterisiert, was immer wieder zu Konflikten führt (z. B. zwischen Bezirksbürgermeistern von den Grünen und Senatoren der aus Politikern der SPD und CDU bestehenden Regierung). Außerdem wird der Berliner Senat auch teilweise von der nationalen Gesetzgebung (z. B. Bildungsinvestitionen) sowie natürlich auch durch die EU-Gesetzgebung (z. B. mit Blick auf die Ausgestaltung von EU-konformen Studiengängen) beeinflusst. Die Ausgestaltung einer solcher Mehrebenen-Governance ist daher ein komplexes Unterfangen, welches eines der zentralen Aufgabenfelder für Smart Cities darstellt.

2.3 Regionale Abhängigkeiten trotz Smartness?

Immer wieder verbinden wir Städte mit bestimmten **Symbolen, Ereignissen oder Errungenschaften**. Dies kann durch das betreffende Stadtmarketing gefördert werden oder schlichtweg auch im Zeitablauf durch Zufälle oder die Bevölkerung geprägt werden. Die Nennung der Stadt New York ruft beispielsweise für die meisten Menschen wohl Wolkenkratzer, die Freiheitsstatue oder die Terroranschläge vom 11. September 2001 in Erinnerung. Im Fall von Hamburg denken wir vielfach an den Hafen und damit verbunden sowohl multimodale Logistik, aber auch im weiteren Sinne die unterschiedlichen kulturellen Möglichkeiten im angrenzenden Stadtteil St. Pauli und auf der berüchtigten Reeperbahn. Führen wir uns demgegenüber München vor Augen, so denken wir möglicherweise an die dort angesiedelten, renommierten Unternehmen (z. B. BMW oder Siemens), den Marienplatz, das Oktoberfest, die bayerische Bierkultur, das Hofbräuhaus oder den FC Bayern München.

Im positiven Fall kann es einer Stadt also gelingen, sich als attraktiven Standort zu positionieren (Puderbach et al. 2015). Allgemein formuliert haben Städte also ein **im Zeitablauf gefestigtes Image und vorzufindende Gegebenheiten**, die **üblicherweise** relativ **dauerhaft** vorzufinden sind. Das Oktoberfest war beispielsweise stets Symbol für die bayerische Bierkultur, ebenso wie das München nahe gelegene Schloss Neuschwanstein seit jeher für viele Touristen als Paradebeispiel für Bayern – und ironischerweise damit auch oftmals Deutschland – gilt.

Im angeführten Beispiel ist dies vergleichsweise attraktiv, gilt München doch als lebenswerte Stadt und verzeichnet seit Jahren u. a. steigende Mietpreise. Allerdings sollten wir uns bewusst sein, dass sich diese im Zeitablauf verfestigten Strukturen und Merkmale auch ins **Negative umkehren können**. Die Vorzüge eines gefestigten Images bzw. vorzufindender Gegebenheiten können dabei schnell in Nachteile umschlagen, was in der Literatur unter dem Begriff der **Pfadabhängigkeit** erörtert wird (hier und im Folgenden s. auch Sydow et al. 2009). Der Metapher folgend, wird ein eingeschlagener Pfad immer wieder durch folgende Personen ausgetreten und damit immer breiter, verfestigt sich also im Zeitablauf. Um dieses Phänomen prägnant zu illustrieren sei auf einen anderen Kontext verwiesen: das Tastaturlayout unserer heutzutage handelsüblichen PC-, Mobilfunk-, Tablet- oder Laptop-Tastaturen. Es ist stets gleich angeordnet und wird als **QWERTZ-Tastaturlayout** (oder im englischen QWERTY wegen des Austauschs der Tasten „Z" und „Y") bezeichnet. Dies hat sich über unterschiedliche technologische Innovationssprünge hinweg hartnäckig erhalten; angefangen von den ersten manuellen Schreibmaschinen, über elektronische Schreibmaschinen, anschließend PC-Tastaturen bis hin zu heutigen mobilen Endgeräten hinweg ist das Tastaturlayout konstant geblieben. Dabei ging der Entwurf dieses bis heute dominanten Tastaturformats auf Berechnungen zurück, wie die damals bei manuellen Schreibmaschinen üblichen Tastaturhaken sich möglichst selten verhaken. Dass dieses Tastaturlayout bis heute überdauert hat, ist insofern bemerkenswert, als diversen Studien zufolge wesentlich effizientere Tastaturlayouts existieren, die jedoch nicht am Markt reüssieren. Ist es nicht geradezu verrückt, dass wir alle täglich weltweit Zeit beim Anfertigen von Texten verlieren, indem wir ein für uns ineffizientes Tastaturlayout (beharrlich weiter) nutzen?

Diese Beobachtung wollen wir als Ausgangspunkt für folgendes Beispiel nehmen (s. hierzu auch Grabher 1993 sowie das nachstehende Beispiel von Detroit): das **Ruhrgebiet** ist heutzutage häufig nicht nur Symbol für einen der größten Ballungsräume Europas, sondern vielmehr auch für den Niedergang der deutschen Kohleindustrie und damit verbunden einen auch auf absehbare Zeit noch recht schmerzhaften Transformationsprozess, der u. a. durch relativ hohe Arbeitslosenquoten gekennzeichnet ist.

Dies war jedoch nicht immer der Fall. Denken wir an den **Beginn und die Mitte des letzten Jahrhunderts**. Zu diesem Zeitpunkt war das **Ruhrgebiet ein ‚industrieller Motor' Deutschlands**. Enge Verbindungen zwischen Wirtschaft und Politik führten dazu, dass der Kohlebergbau massiv gefördert wurde. Es entstand daraus u. a. eine für die damalige Zeit fortschrittliche Infrastruktur, die durch die immer effizienter werdende Ausbeutung der natürlichen Ressourcen befeuert wurde. Die Spezialisierung der gesamten Region – mittels der Unterstützung aus Wirtschaft und Politik – führte somit zu Skaleneffekten und einer – wie wir sagen würden – Pfadabhängigkeit.

Aus den Vorteilen der Spezialisierung wurden jedoch schnell **Nachteile** in Form einer **rigiden Spezialisierung**, die sich zunehmend als hinderlich erwies. Denn die einseitige Ausrichtung des Wirtschaftslebens auf den Kohlebergbau geriet ins Wanken, als weltweit eine anhaltende, fallende Nachfrage nach Eisen, Stahl und Kohle zu beobachten war. Damit ging ein Preisverfall einher. Zunehmend verschärfte sich im gleichen Zuge

2.3 Regionale Abhängigkeiten trotz Smartness?

auch noch der weltweite Wettbewerb, da insbesondere Anbieter aus Südostasien in der Lage waren, vergleichbare Ware günstiger zu transportieren und versenden. Da es sich bei Kohle um ein relativ homogenes Gut handelt, fehlten somit Differenzierungsmöglichkeiten, um sich von der preisgünstiger produzierenden Konkurrenz abzusetzen.

Die ehemals engen Verbindungen zwischen Wirtschaft und Politik erwiesen sich nunmehr als nachteilig. So mangelte es letztlich vor allem an dem Willen und auch an Ideen von außen, neue Industrie- oder Dienstleistungszweige zu erschließen. Dies lässt sich im Rückblick unterschiedlich begründen. Einen maßgeblichen Faktor stellten **eingeschliffene Denkmuster** dar. So wurde der weltweite zu konstatierende Nachfragerückgang als temporäres Phänomen ausgelegt und es wurden weiterhin die Erfolgsaussichten – und auch Erfolgsgeschichten – aus der Vergangenheit bemüht, um ein Festhalten an dem Abbau von Kohle als zentraler Industrie zu rechtfertigen.

Eng verbunden mit den eingeschliffenen Denkmustern lassen sich auch **emotionale und kulturelle Faktoren** ins Feld führen. Denn letztlich hatte sich ein Selbstverständnis und Selbstbewusstsein in der Region – wenn nicht gar in ganz Nordrhein-Westfalen– herausgebildet, das nur schwer zu erschüttern war. Insofern verwundert es nicht, dass ein **eskalierendes Commitment** seitens der Politik zu beobachten war (s. auch das Fallbeispiel des Flughafen Berlin Brandenburg International im Abschn. 3.5). Der ehemals eingeschlagene und wohl ausgebaute Pfad des Kohleabbaus hielt in der Folge in desaströser Form als Begründung dafür her, weitere Investitionen zu tätigen, da ja bereits immense Investitionen getätigt wurden. Diese Argumentationskette lässt sich teilweise noch bis heute beobachten.

> **Detroit als ‚Autostadt'**
> Detroit galt einst als blühende Metropole. Dies ging vornehmlich mit der aufkeimenden und weltweit erfolgreichen Verbreitung des Automobils als Fortbewegungsmittel einher. Denn Detroit beherbergte mehrere Firmenzentralen renommierter US-amerikanischer Automobilhersteller, wie z. B. General Motors, und richtete das Stadtgeschehen maßgeblich daran aus.
>
> In der zweiten Hälfte des zwanzigsten Jahrhunderts zeichnete sich jedoch ein deutlicher Niedergang der US-amerikanischen Automobilindustrie durch die aufkommende Konkurrenz aus Südostasien ab. Dies führte zu einem drastischen Verlust an Marktanteilen für US-amerikanische Automobilhersteller. In Konsequenz kam es aufgrund der Fokussierung auf die Automobilindustrie zum Arbeitsplatzabbau in Detroit und damit einhergehend zu sozialen Konflikten und der Verelendung ganzer Stadtteile bei steigenden Kriminalitätsraten. Am dramatischsten lässt sich dies wohl an der Einwohnerzahl ablesen: waren es um 1950 noch etwa knapp 2.000.000 Einwohner, sind heutzutage nicht einmal mehr 700.000 Einwohner zu verzeichnen.

Bis heute ist das Ruhrgebiet noch immer stark durch die Pfadabhängigkeit des Kohlebergbaus und deren negative Wirkeffekte gekennzeichnet. Allerdings lassen sich **Bemühungen festhalten, neue Wege zu finden**; metaphorisch gesprochen: Ambitionen für die

Kreation neuer Pfade bzw. einen **Pfadbruch**. Hierzu zählt etwa die Neuausrichtung der Landesstrategien oder die gezielte Konzentration, Dienstleistungsangebote zu schaffen und neue Technologien und Energien in den Vordergrund zu stellen. Die InnovationCity Ruhr | Modellstadt Bottrop stellt etwa eine Initiative dar, zukunftsfähige Konzepte mit Fokus auf Klimaschutz für Städte im Ruhrgebiet zu entwickeln.

Eine weitere Maßnahme stellt die **Investition und Umgestaltung bzw. Neugründung von Universitäten und Fachhochschulen** dar. Zu nennen wären hier beispielsweise die Umgestaltung der Universität Witten-Herdecke, die Einrichtung von Gründerzentren, wie die [i]NNOVATIONSFABRIK der Universität Duisburg-Essen, die Ansiedlung von Fraunhofer- und Max-Planck-Instituten sowie der Bau dezidierter Technologiezentren (z. B. das Technologiezentrum der Technischen Universität Dortmund). Überdies wird massiv seitens der Landesregierung in kulturelle Angebote investiert, was u. a. im Jahr 2010 zur Auszeichnung und Nabelschau als Kulturhauptstadt Europas führte.

Zwar wird noch immer mit markanten Werbeslogans auf die Historie angespielt und mit der Vergangenheit kokettiert (z. B. „Der Pott kocht"). Es überwiegen jedoch Bemühungen, die verschiedenen Städte infrastrukturell und mit Blick auf die Wirtschaftssektoren neu auszurichten.

Empirische Themenfelder 3

3.1 Zentrale Akteure

Um sich Städten und deren relevanten Themenfeldern zu nähern, ist es zunächst notwendig, die **zentralen Akteure** zu identifizieren. Dies **variiert** naturgemäß **fallweise**, dennoch lassen sich folgende grob definierten Akteursgruppen festhalten:

1. **Öffentliche Einrichtungen**
Öffentliche Einrichtungen stellen insofern eine intuitive Akteursgruppe dar, da sie das Zusammenleben und wirtschaftliche Aktivitäten mehr oder minder stark beeinflussen. Das Mitführen des Fahrzeugscheins beim Transport von Gütern mit einem Kraftfahrzeug, das Einhalten von Ladenöffnungszeiten, die Beantragung eines Gebäudeausbaus oder die teilweise lokal abzuführenden Steuern sind Beispiele für Situationen, in denen wir mit öffentlichen Einrichtungen in Kontakt treten. Dies kann eher **passiv** und en passant erfolgen (wie im Fall des Mitführens eines Fahrzeugscheins) oder aber **reaktiv** (wie im Fall des Einhaltens der Ladenöffnungszeiten) bzw. **proaktiv** (wie im Fall des Einreichens einer Baugenehmigung).

In diesem Zusammenhang gilt es überdies, in aller Kürze zwischen **zwei Gruppen** öffentlicher Einrichtungen zu unterscheiden, die sich wechselseitig beeinflussen: einerseits bestehen die öffentlichen Einrichtungen aus demokratisch (hier: auf kommunaler Ebene) gewählten Vertretern des Volkes. Diese **politische Akteursgruppe** ist von den Wahlen abhängig und daher vom Handeln eher kurz- bis mittelfristig orientiert.

Anderseits ist die **Verwaltung** als ausführende und gleichsam administrative Einheit zu nennen. Die Verwaltung ist eher langfristig orientiert und somit im Vergleich zu politischen Akteuren unabhängiger vom Wählerwillen. Zurückgehend auf Max **Weber** als einen der Begründer der heutigen Soziologie streben die Verwaltungsbeamten danach, möglichst effizient zu arbeiten. Dies widerspricht auf den ersten Blick der allgemein vorherrschenden pessimistischen Grundeinstellung gegenüber **Bürokratie**. Zumindest im

Alltagsgebrauch sprechen wir tendenziell eher von einem „bürokratischen Verhalten", wenn etwas langwierig, ineffizient oder undurchsichtig abläuft. Ironischerweise steht jedoch gerade im weberschen Sinne genau das Gegenteil im Mittelpunkt, nämlich eine effiziente, unabhängige und transparente Abwicklung der Verwaltungsaufgaben. Weber selbst betrachtete Bürokratie als die rationalste Form des Handelns bzw. der Herrschaftsausübung. Im Kern zeichnet sich Verwaltung oder **Bürokratie als ein Idealtypus des Handelns nach Weber** durch folgende Merkmale aus:

- **Regelgebundenheit**: Das Verwaltungshandeln ist durch klare Strukturen (s. auch Hierarchieprinzip) und vordefinierte Abläufe gekennzeichnet, was sich u. a. in klarer Arbeitsteilung manifestiert. Dies führt zur Reduktion von Redundanz und ermöglicht es zugleich, transparent zu agieren.
- **Hierarchieprinzip**: Verknüpft mit der Regelgebundenheit besagt dieses Prinzip, dass klare Zuordnungen von Personen und deren Tätigkeiten vorliegen. Eine Entscheidung eines Vorgesetzten gilt es also für einen Mitarbeiter zu respektieren und befolgen. Eine Führung durch den nächsthöheren Vorgesetzten oder ein Austausch mit diesem ist den Mitarbeiterinnen und Mitarbeitern also untersagt. Des Weiteren impliziert dieses Prinzip auch, dass Karriereschritte klar vorstrukturiert sind. Je nach Qualifikation und fortschreitender Erfahrung erfolgen sodann die Höherstufungen innerhalb der Verwaltungshierarchie.
- **Schriftlichkeit und Aktenkundigkeit**: dieses Schriftlichkeitsprinzip postuliert die Dokumentationspflicht für sämtliche Verwaltungsvorgänge. Eine Folge hiervon ist wiederum die Transparenz und damit verbunden auch die Fairness gegenüber sämtlichen Beteiligten.

Neuere Ansätze, wie etwa das New Public Management, haben diese Ursprünge des Verwaltungshandelns maßgeblich erweitert. Die Grundzüge der weberschen Theorie lassen sich dennoch bis heute wiederfinden.

2. **Unternehmen**
Profitorientierte Unternehmen sind nebst den öffentlichen Einrichtungen naturgemäß Akteure, die uns schnell einfallen, wenn wir an prägende Akteure für eine Stadt denken. Dies kommt nicht von ungefähr, sondern ist letztlich auf deren Relevanz zurückzuführen.

Für Bürger bieten Unternehmen u. a. die Möglichkeit, als **Arbeitgeber** zu fungieren oder deren Dienstleistungen und Produkte in Anspruch zu nehmen. An der Schnittstelle zu den öffentlichen Einrichtungen erfüllen sie **wichtige Funktionen** (beispielsweise Ergänzung des öffentlichen Nahverkehrs) oder dienen als wichtige **Einnahmequelle** für **Steuern**.

Die Beziehung zwischen Unternehmen und deren Anspruchsgruppen im Stadtumfeld ist jedoch nicht immer einfach (s. auch das nachstehende Beispiel zu Stuttgart 21). Vielmehr kann das **Verhältnis auch ambivalent** sein. Ein Unternehmen kann beispielsweise ein attraktiver Arbeitgeber sein, gleichsam aber auch unter Umständen für eine Beeinträchtigung der Lebensqualität sorgen. Denken Sie beispielsweise an große

Industriebetriebe wie z. B. die **BASF in Ludwigshafen**. Dieses Unternehmen ist Segen und Fluch zugleich für die Stadt Ludwigshafen sowie für die benachbarte Stadt Mannheim. Die Firma BASF sorgt für viele Arbeitsplätze, sowohl direkt in der Funktion als unmittelbarer Arbeitgeber, als auch indirekt durch sich im Umfeld aufgrund der BASF ansiedelnde Zulieferer und andere Unternehmen, die davon profitieren (z. B. Gastronomiebetriebe). Außerdem engagiert sich BASF auch gesellschaftlich. Gleichzeitig stellen die Anlagen und die dort hergestellten chemischen Produkte eine Gefahr für Mensch und Umwelt dar, weshalb stets eine latente Unfallgefahr und sogar eine Großschadenslage denkbar ist. Überdies werden permanent Abgase durch die Industrieanlagen emittiert, was die Luftqualität in Ludwigshafen und Mannheim massiv beeinträchtigt. Dennoch würde wohl die Mehrheit der Bevölkerung und anderer Anspruchsgruppen der Aussage zustimmen, dass die BASF ein wünschenswerter Arbeitgeber vor Ort ist.

Allerdings gilt es, mögliche Unsicherheiten hinsichtlich der **langfristigen Wirkeffekte** solcher Ansiedlungen stets mit zu berücksichtigen. Im fiktiven Fall eines Kernkraftwerkbetreibers, der einen neuen Reaktor bauen möchte (losgelöst vom vermeintlich langfristigen Ausstieg aus der Kernenergie der Bundesregierung), würden demgegenüber vermutlich die entsprechenden Anspruchsgruppen gegen eine Ansiedlung votieren und vorgehen. Wenngleich diese Beispiele vermeintlich offensichtlich erscheinen, so ist der Zusammenhang oftmals etwas komplexer. Zur Illustration können die teilweise **widersprüchlich erscheinenden Standortwettbewerbe innerhalb ein und derselben Stadt bzw. zwischen Gemeinden im Umland einer Großstadt** dienen. Um auf ein Beispiel zu verweisen, sei die südliche Gemeinde Seevetal der Stadt Hamburg angeführt, in der zwischen einzelnen Dörfern ein teilweise erbitterter um die Ansiedlung von Unternehmen in Gewerbegebieten geführt wird. Die Unternehmen spielen dort teilweise die Bürgermeister der einzelnen Dörfer gegeneinander aus und verlagern in regelmäßigen Zeitabständen ihre Niederlassungen zugunsten von Steuervergünstigungen und anderen Vorteilen. Zurück bleiben sodann vielfach ungenutzte Gewerbegebietsflächen in dem betreffenden Dorf, das – in der erneuten Verhandlungsrunde – nicht zum Zuge gekommen ist.

3. Non-Profit-Organisationen

Dieser Organisationstypus strebt zumeist nach sozialen oder umweltbezogenen Zielen und setzt sich in der Regel aus Bürgern (s. nächste Anspruchsgruppe) zusammen. Im engeren Sinne verstehen wir unter Non-Profit-Organisationen all jene Organisationen, die **nicht nach Gewinn streben** und diesen – sollte er anfallen – zugunsten des übergreifenden Anliegens verwenden. Im Zentrum steht also die **Gemeinnützigkeit**, die auch in der betreffenden Satzung der Organisation verankert ist. Ein positiver Wirkeffekt ist für diese Unternehmen häufig, dass sie geringere oder keine Steuerabgaben zu entrichten haben. Dies variiert jedoch in Abhängigkeit von dem jeweiligen Land, in dem sich die Organisation angesiedelt hat.

Bei Non-Profit-Organisationen existiert ein breites Spektrum an **unterschiedlichen Typen hinsichtlich der Zielsetzungen**. Beispielsweise kann eine Organisation Standardisierungen überwachen (z. B. die DIN ISO-Normenreihe durch die ISO-Organisation), unabhängig Urteile fällen (z. B. Stiftung Warentest), Umweltschutz vorantreiben (z. B. Greenpeace), ganz allgemein Wissen verbreiten (z. B. Wikimedia, die u. a. als Betreiberorganisation von Wikipedia fungiert) oder gegen Korruption vorgehen (z. B. Transparency International).

Finanzielle Unterstützung erhalten diese Organisationen von öffentlichen Einrichtungen, Unternehmen oder häufig auch Privatpersonen. Ein häufig vorzufindender Mechanismus bzw. ein günstiges Zeitfenster für diese Organisationen stellen Krisen dar. Diese werden immer wieder genutzt, um die vor allem finanzielle Überlebensfähigkeit dieser Organisationen zu sichern. Als ein Fallbeispiel seien humanitäre Krisen in Afrika oder Asien genannt, die immer wieder dem Deutschen Roten Kreuz helfen, die Finanzlage aufzubessern bzw. überhaupt überlebensfähig zu bleiben. Ähnliches lässt sich im deutschen Kontext auch für Organisationen wie foodwatch im Fall von lebensmittelbedingten Krankheitsausbrüchen bei Menschen festhalten, wie dies etwa bei dem Ausbruch von EHEC im Jahr 2011 der Fall war.

4. Bürger

Auf den ersten Blick mag es verwundern, **Bürger** als einen Akteur nebst der Stadtverwaltung und Unternehmungen zu betrachten. Auf den zweiten Blick wird der Einfluss – und damit auch die Relevanz für sämtliche anderen Akteursgruppen – sichtbar. So zählt im Fall von kommunalen Wahlen im wahrsten Sinne des Wortes eine jede Bürgerstimme, weshalb hierdurch maßgeblich die Aktivitäten öffentlicher Einrichtungen tangiert sind. Gleiches gilt aber auch für profitorientierte Unternehmen und Non-Profit-Organisationen. Demonstrationen gegen Bauvorhaben oder Firmenansiedlungen können beispielsweise groß angelegte Unternehmenspläne zunichtemachen. Im Fall von Non-Profit-Organisationen stellen Bürger die oftmals zentrale Rekrutierungsoption dar, da sich die meisten derartigen Organisationen aus Bürgern zusammensetzen und die sodann im Gros formulierten Ansprüche gemeinsam und damit vehementer vorgetragen werden. Folgendes Beispiel illustriert den Einfluss der Bürger im Zusammenhang mit den unterschiedlichen Akteursgruppen:

Stuttgart 21

Das groß angelegte Bauprojekt mit Blick auf den Stuttgarter Hauptbahnhof ist über die Jahre hinweg in Deutschland zum Symbol für den Einfluss von Bürgern und den Konflikt mit öffentlichen Einrichtungen sowie der Deutschen Bahn als privatwirtschaftliches Unternehmen geworden. Das Aufbegehren zehntausender Bürger in Form von Protestmärschen, Volksabstimmungen und sonstigen Widerstandsbekundungen schadete der Stadt Stuttgart nicht nur in Bezug auf ihr Image. Vielmehr resultierte es auch in stetig steigenden Kosten für die mit dem Bau befassten Akteure. Die negativen Wirkeffekte sind vielfältig: angefangen von der Deutschen Bahn, über die Stadt Stuttgart bis hin zu eher indirekt auftretenden Konsequenzen für beispielsweise die unterschiedlichen Gerichte, die mit der Abwicklung von Klagen befasst sind, sind die Auswirkungen allseitig spürbar.

3.2 Urban Production & Logistics

Der Begriff „Urban Production" bezeichnet die u. a. von Baer et al. (2012, S. 1) beschriebene **„Reindustrialisierung der Städte"**, die sich aus einer signifikanten Bevölkerungszunahme im urbanen Raum und daraus abgeleitet aus der Notwendigkeit einer **nachhaltigen Produktion** im städtischen Kontext ergibt (Spath 2013, S. 38). Weitere Einflussfaktoren sind eine **Ausdehnung der Stadtgebiete**, der **Klimawandel** sowie **die gestiegene Bedeutung der Work-Life-Balance** (Wiegel et al. 2013, S. 15). Zudem muss eine „Urban Production" neben **ökologischen** (z. B. klimaschädliche Emissionen) und **ökonomischen** (z. B. zusätzliche finanzielle Belastungen des Gesundheitssystems) auch **soziale** Faktoren (z. B. Lärmbelästigungen der Anwohner) berücksichtigen (Wiegel et al. 2013, S. 15). Zu diesen Herausforderungen mit Bezug zum Thema Nachhaltigkeit, die sich insbesondere im urbanen Kontext als relevant darstellen, gehört auch die **Entsorgung von Abluft, Abwässern und Abfällen** (Brunner und Kral 2013, S. 248).

Ein zentrales Element der „Urban Production" ist die Gestaltung der urbanen Logistik (**„Urban Logistics";** u. a. Matt et al. 2014, S. 15). So wird im urbanen Kontext beispielsweise der Lieferverkehr als bedeutsame Herausforderung eingestuft (Fischer 2015, S. 70). Die urbane Logistik gewinnt aufgrund des **technologischen und gesellschaftlichen Wandels**, der wachsenden Bedeutung des Themas „e-Business", diverser umweltbezogener **Konsequenzen von straßenbezogenen Transportsystemen** sowie aufgrund städtischer Landnutzung und **Richtlinien zur Nutzung des urbanen Raums** an Bedeutung (Taylor 2015).

Behrends et al. (2007, S. 694) begründen das **zurzeit vorhandene Handlungspotenzial** in der urbanen Logistik damit, dass in der gegenwärtigen Stadtplanung der Personen- und nicht der Frachttransport vorrangige Berücksichtigung findet. Eine **hohe Relevanz** wird dem Bereich „Urban Logistics" analog dazu von Lindholm (2010, S. 6205) attestiert, die, an lokale Autoritäten gerichtet, die Implikation formuliert, dem Thema ein höheres Interesse entgegenzubringen.

3.2.1 Anspruchsgruppen der Urban Production & Logistics

Taniguchi et al. (2003, S. 491) unterscheiden im Bereich des urbanen Transports zwischen **verschiedenen Anspruchsgruppen**, die sie als „Versender/Empfänger", „Transporteure", „Anwohner" und „Administratoren" definieren. Diese Anspruchsgruppen sind allerdings nicht eindeutig abgrenzbar, wie in der von Taylor (2005) vorgenommenen Einteilung deutlich wird, sodass beispielsweise die „Anwohner" gleichzeitig auch als Empfänger („Konsumenten") auftreten können.

Den bereits aufgeführten Anspruchsgruppen kann im Zusammenhang mit dem Begriff „Urban Production" jene der „Arbeitnehmer" hinzugefügt werden (Wiegel et al. 2013, S. 16). Zudem sollten die „Unternehmen" als Akteur aufgenommen werden, da sie in besonderem Maße von den Auswirkungen der industriellen Urbanisierung betroffen sind.

Vorteile und Problemfelder der urbanen Produktion unterscheiden sich deutlich zwischen den einzelnen Anspruchsgruppen. So kann die urbane Produktion aus Sicht der **Unternehmen** zu einer höheren Flexibilität beitragen (Matt und Rauch 2014, S. 256). Sie ist aber auch mit betriebswirtschaftlichen Herausforderungen in Bezug auf die Entwicklung innovativer Konzepte und Produkte verbunden (Matt et al. 2014, S. 14).

Das Interesse der **Versender**, und damit verbunden auch das der **Empfänger**, besteht das Interesse in niedrigeren Frachtkosten (Taylor 2005). Ob diese tatsächlich realisierbar sind, ist allerdings unsicher, da mit der Urbanisierung des Verkehrs und dem Einsatz urbaner Fahrzeuge u. a. auch eine höhere Lieferfrequenz einhergehen kann (Anderson et al. 2005, S. 97).

Transporteure erhalten durch betriebswirtschaftliche Konzepte wie „City Logistics" die Möglichkeit, ihre Kosten in Einklang mit den Interessen anderer Anspruchsgruppen zu senken und somit potenziell steigende Gewinne zu erzielen (Taniguchi et al. 2003, S. 490). Es bestehen allerdings auch betriebswirtschaftliche Herausforderungen, wie die Vermeidung von Leerfahrten im urbanen Raum sowie die optimale Nutzung spezieller Verkehrsmittel (Allen et al. 2012, S. 47). Für die **Anwohner** bestehen Allen et al. (2012) zufolge zusätzliche Lärm- und Umweltbelastungen, die eine potenzielle Bedrohung der vorhandenen Wohnqualität darstellen.

Die **Administratoren** können durch die industrielle Urbanisierung eine Zunahme von Arbeitsplätzen und eine Verbesserung der wirtschaftlichen Situation erreichen, stehen allerdings auch in der Verantwortung, auf durch die Urbanisierung bedingte Problemstellungen, wie ökologische und verkehrstechnische Belastungen, zu reagieren (Taniguchi et al. 2003, S. 491). Auch die Abnutzung städtischer Infrastruktur stellt eine zentrale Herausforderung dar (Hesse 1998, S. 127). Darüber hinaus muss bereits bestehende Bausubstanz in die Überlegungen mit einbezogen werden (Lehmacher 2013, S. 71).

Arbeitnehmer erhalten die Möglichkeit, durch geringere Entfernungen zwischen städtischem Wohnort und Arbeitsplatz die zuvor bereits als Einflussfaktor genannte „Work-Life-Balance" zu verbessern (Wiegel et al. 2013, S. 17). Allerdings nur, insoweit es den Administratoren gelungen ist, die vorangehend thematisierten verkehrstechnischen Belastungen in ausreichendem Maße zu reduzieren.

Die Komplexität des Themas „Urban Production/Logistics" resultiert vor allem daraus, dass die Interessen der heterogenen Anspruchsgruppen gleichermaßen berücksichtigt werden müssen (Taniguchi et al. 2003, S. 491).

Im Rahmen dieses Kapitels unterscheiden wir zwischen Beschaffungslogistik und Produktion sowie Distributionslogistik. Im Rahmen dieser Darstellung wird dann eine Einordnung relevanter betriebswirtschaftlicher **Problemfelder/Herausforderungen** sowie ggf. korrespondierender **Lösungsansätze** erfolgen. Zur besseren Übersichtlichkeit sind die jeweiligen logistischen Flüsse in der Abb. 3.1 nochmals schematisch dargestellt. Die relevanten Akteure, zwischen denen die logistischen Flüsse stattfinden, sind anhand der entsprechenden Symbolik in die Darstellung integriert.

3.2 Urban Production & Logistics

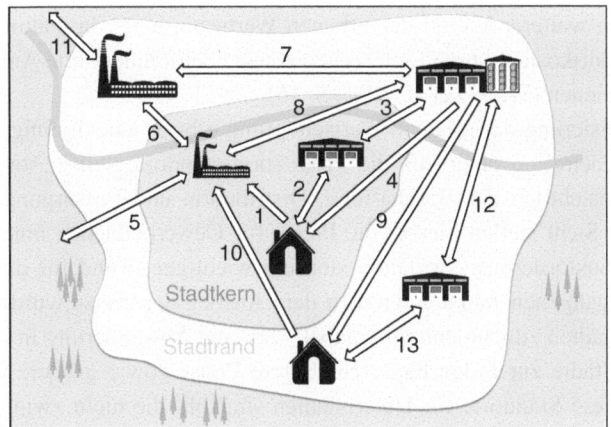

1. Arbeitsweg der Stadtbewohner Weg zu Produktionsstätten mit integrierter Verkaufsstelle (z.B. Schreinerei)
2. Weg zu Logistikstationen (z.B. Packstation)
3. Transport von Lieferungen vom Logistikhub zur Logistikstation
4. Lieferungen vom Logistikhub zu den privaten Haushalten (z.B. Paketdienst) im Stadtkern
5. Güterströme von Quellen außerhalb der Stadt zu den Industrien im Stadtkern und umgekehrt
6. Güterströme von Industrien außerhalb des Stadtkerns zu Produktionsanlagen innerhalb und umgekehrt
7. Güterströme von Industrien außerhalb der Stadt zum Logistikhub und umgekehrt
8. Güterströme von Industrien im Stadtkern zum Logistikhub und umgekehrt
9. Lieferungen vom Logistikhub zu den privaten Haushalten (z.B. Paketdienst) außerhalb des Stadtkerns
10. Arbeitsweg der Bewohner vom Stadtrand in den Stadtkern
11. Güterströme von Quellen außerhalb der Stadt zu den Industrien am Stadtrand und umgekehrt
12. Transport von Lieferungen vom Logistikhub zu Logistikstationen am Stadtrand
13. Weg zu Logistikstationen (z.B. Packstation) am Stadtrand

Abb. 3.1 Logistikflüsse im urbanen Raum

3.2.2 Beschaffungslogistik und Produktion im urbanen Raum

Die Vision der **urbanen Produktion** sieht eine Integration der industriellen Wertschöpfung in das städtische Umfeld vor, mit dem Ziel der Verschmelzung von Wertschöpfungsort, Arbeits- und Absatzmarkt, unter Berücksichtigung der Anforderungen aller beteiligten Anspruchsgruppen. Der Ort der Wertschöpfung ist hierbei nicht nur auf stadtnahe Industriegebiete beschränkt, sondern beinhaltet ebenso die stadtintegrierte gemischte Nutzung von Stadtquartieren durch Unternehmen und Anwohner zugleich (Wiegel et al. 2013, S. 15).

Diese Struktur bietet verschiedene **Vorteile**. Unternehmen, die im Stadtkern produzieren, werden durch die Nähe zu den Wohngebieten aufgrund der kurzen Arbeitswege für die anliegende Bevölkerung attraktiver. Zudem erhöht sich dadurch die Flexibilität hinsichtlich Arbeitszeitmodellen und Schichteinteilung. Darüber hinaus ist die Nähe zum

Absatzmarkt ein weiterer Vorteil der urbanen Wertschöpfung, da dadurch eine Einsparung von Transportkosten, kurze Lieferzeiten sowie hochfrequentierte Anlieferungen realisiert werden können (Wiegel et al. 2013, S. 15).

Bei der Realisierung der urbanen Wertschöpfung gibt es jedoch einige **Herausforderungen**. Diese betreffen einerseits die Produktionsstandorte selbst, sowie andererseits die Logistik hinsichtlich der Beschaffung, Distribution und Entsorgung. Aus betriebswirtschaftlicher Sicht stellen hierbei die Preise für Gewerbeflächen innerhalb der Stadt eine große Herausforderung dar. Diese sind ein wichtiger Grund für die Suburbanisierung in den vergangenen Jahrzehnten. Mit dem Anstieg der Preise wurden Produktionsstätten in den Städten zunehmend unrentabel, was eine Abwanderung in Industriegebiete außerhalb der Städte zur Folge hatte. Niedrigere Preise sowie größere verfügbare Flächen machen diese Standorte für Unternehmen sinnvoll, die nicht zwingend in direkter Kundennähe produzieren müssen.

Die hohen Preise für Gewerbeflächen sind hinsichtlich der **Kosteneffizienz** aus mehreren Gründen relevant, da sie neben den direkten Kosten auch weitere strategische Überlegungen betreffen. Um die Kapitalbindung zu reduzieren, wird in Betrieben mit Just-in-time-Produktion auf große Lagerbestände verzichtet. Umso bedeutender ist hierbei der reibungslose Ablauf in der Logistik, insbesondere hinsichtlich Lieferung sowie Be- und Entladeprozesse.

Durch die speziellen Gegebenheiten in der Innenstadt entsteht hier im Gegensatz zu den Standorten in Industriegebieten eine Reihe von zusätzlichen Herausforderungen. Das allgemein steigende Verkehrsaufkommen in den Städten führt bei gleichbleibender Infrastruktur zu einer **Verkehrsflächenknappheit** (Schrampf 2013, S. 19 f.). Steigende Stehzeiten durch Staus im innerstädtischen Verkehr sind ein Unsicherheitsfaktor für auf Just-in-time basierende Produktionsanlagen und können zu Produktionsengpässen führen. Zusätzlich verschärfen die knappen Verkehrsflächen das bereits vielerorts bestehende Problem des Engpasses an der Lieferrampe (Erd 2015, S. 23). Ein großes Anliefervolumen führt häufig zu einem Anlieferstau an der Laderampe (Ewers 1997, S. 27), was in der Stadt aufgrund des hohen Verkehrsaufkommens zusätzliche Probleme nach sich zieht.

Weitere **Herausforderungen für den Lieferverkehr** sind Lieferzeitbeschränkungen, bedingt durch Nachtfahrverbote, Fahrverbote an Sonn- und Feiertagen, sowie zeitlich begrenzt befahrbare Fußgängerzonen, durch die eine durchgehende Versorgung der Produktion erschwert wird. Neben den zeitlichen Einschränkungen gibt es auch räumliche Gegebenheiten, die für urbane Produktion relevant sind. Lieferortsbeschränkungen können in Form von allgemeinen Fahrverboten, Einbahnführungen oder Gewichtsbeschränkungen existieren. Ebenso können vorübergehende Einschränkungen durch straßenbauliche Maßnahmen auftreten.

Auch an die Produktionsstätten selbst werden vielschichtige Anforderungen gestellt, wenn sie sich innerhalb der Stadt befinden. Die unmittelbare räumliche Nähe zu Anwohnern erfordert strengere Standards hinsichtlich des Lärmschutzes. Kostenintensive Investitionen zur Lärmdämmung sowie Einschränkungen beim Lieferverkehr sind weitere Folgen einer Verlegung der Produktion in die Stadt.

3.2 Urban Production & Logistics

Aufgrund dieser Gegebenheiten ist der **Produktionsstandort Stadt** nicht für alle Unternehmen gleichermaßen lohnend. Flächenintensive Produktionsanlagen sowie große Lagerkapazitäten sind im Hinblick auf die hohen Kosten ungeeignet. Die logistischen Einschränkungen sollten ebenso in die Planung mit einbezogen werden, sodass Produktionen mit aufwendigem Lieferverkehr durch große Komponenten bzw. Produkte besser in Industriegebiete verlagert werden.

Zudem sollte der jeweilige **Absatzmarkt** ein zentrales Kriterium sein. Die teurere und logistisch komplexe Produktion in der Stadt ist dann lohnend, wenn dadurch Distributionswege verkürzt bzw. vereinfacht werden. Einen überregionalen Markt bedienende Massenproduktionen sind für die urbane Wertschöpfung ungeeignet. Für diese Konstellation sind Produkte mit einem hohen Grad an Kundenindividualität, hohen Schwankungen in der Nachfrage, sehr kurzen Lieferzeiten und einem hohen Innovationsgrad prädestiniert. Beispiele hierfür sind Konsumgüter bzw. Investitionsgüter wie individuelle Möbel, Maßkleidung sowie medizinische Maßanfertigungen wie Zahnimplantate oder Brillen. Hierfür sind Produktionsbetriebe mittlerer Größe geeignet, die eine hohe Variantenvielfalt realisieren, und dabei kostengünstig und emissionsarm produzieren können. (Wiegel et al. 2013, S. 16)

Mithilfe neuer **Technologien und Konzepten** können die urbanen Produktionsmöglichkeiten in Zukunft erweitert werden. Die Idee der **Ultraeffizienzfabrik** vereint sowohl ökonomische als auch ökologische Aspekte, um den vielfältigen Herausforderungen der urbanen Produktion gerecht zu werden. Neben Energiesparmaßnahmen betrifft dies den effizienten Einsatz aller Produktionsfaktoren: Material, Personal, Kapital und Arbeitsleistung (Fischer 2015, S. 71). Ziel ist eine lärm- und abfallfreie Produktion, die ausschließlich aus erneuerbaren Energien gespeist wird und deren Produkte komplett wiederverwertbar sind. Teil des Konzepts ist, dass sich die Unternehmen vor Ort größtenteils selbst mit Energie versorgen. Eine Möglichkeit hierfür ist die Stromerzeugung aus Wasserkraft mit Hilfe von nahe gelegenen Flüssen. Alternativen können Windenergie sowie Solaranlagen sein.

Ebenso entstehen durch neue Konzepte wie ‚**Cloud Manufacturing**' vielfältige Möglichkeiten im Hinblick auf urbane Wertschöpfung. Hierbei wird die Idee des Cloud Computing auf die Produktion übertragen. Die Produktion wird zur Dienstleistung, die den gesamten Produktlebenszyklus in Form von Design, Herstellung und Testen mit einschließt (Xu 2012, S. 80). Produktionstechniken wie 3-D-Drucker können in Zukunft zur Flexibilisierung der Produktion beitragen (Delfmann und Jaekel 2013, S. 58). Besonders geeignet ist diese Technologie zur individuellen Anpassung von Massenware oder zur Herstellung von Waren mit niedrigem Produktionsvolumen. Dadurch wird die Produktion sehr flexibel und verkürzt die Zeit bis zur Markteinführung. Zudem wird der Flächenbedarf erheblich gesenkt, da diese Produktionsanlagen ohne Neukonfiguration unterschiedlichste Produkte herstellen können. Lediglich die Anlieferung von Rohmaterial zur Produktionsstätte ist weiterhin notwendig, während Produktpläne digital übermittelt werden.

Die Vision der urbanen Produktion kann bereits heute an einigen Stellen realisiert werden, wobei dies bisher auf bestimmte Unternehmen und Produktklassen beschränkt ist. Große Herausforderungen stellen die Knappheit von Betriebs- und Verkehrsflächen in den Städten dar. Neue Technologien und Konzepte hinsichtlich Produktion und Logistik sind notwendig, um in Zukunft die Voraussetzungen für eine weitreichendere Realisierbarkeit der urbanen Produktion schaffen.

3.2.3 Distributionslogistik im urbanen Raum

Die Distribution von Waren in urbanen Städten stellt eine Vielzahl von Akteuren vor **neue Herausforderungen**. Industrie- und Logistikunternehmen, die zukünftig im urbanen Raum angesiedelt sind, haben die Aufgabe **neue Lösungskonzepte** zu erstellen, um den steigenden Schadstoffemissionen, Lärm und aufkommendem Verkehr entgegenzuwirken.

Es bedarf **nachhaltiger Transportsysteme**, die neben dem Schutz der Menschen vor gesundheitlichen Beeinträchtigungen kosteneffizient konzipiert sind und eine steigende Qualität in der städtischen Logistik liefern (Behrends et al. 2007, S. 5). Die Einbindung regenerativer Energien, umweltfreundliche Mobilität, nachhaltige Infrastruktur, sowie wirtschaftliche Versorgungssysteme sind zur **Optimierung der Logistikwege** in Smart Cities notwendig (Lipp 2010, S. 2). Bei der Entwicklung von Lösungen zur nachhaltigen Gestaltung der Distributionslogistik im urbanen Raum sind besonders **betriebswirtschaftliche Herausforderungen** und der unternehmerische Nutzen zu berücksichtigen.

Die Distributionslogistik im urbanen Kontext wird besonders im Zusammenhang mit dem **Straßengütertransport** genannt. Im Rahmen einer Studie im Auftrag der Europäischen Kommission wird der sogenannte **urban freight transport (UFT)** definiert als der Straßengüterverkehr, dessen primärer Hauptzweck es ist Transportgüter in, aus und innerhalb urbanen Räumen zu transportieren (M. D. S. Transmodal 2012, S. 2). Dabei erfolgt die Distribution als Teil des UFT in Form von Handelswarentransporten, Kurierdiensten, Postzustellungen, Expressservices etc. Die genutzten Fahrzeuge werden als Fracht- oder Transportfahrzeuge bezeichnet, wie z. B. Lastkraftwagen, Paketfahrzeuge oder Postfahrzeuge.

Der Anteil der zum Transport genutzten Fahrzeuge beträgt derzeit nur ca. 8 bis 15 % des Gesamtverkehrsaufkommens in urbanen Städten. Der Anteil des Straßengüterverkehrs mit aktuell 71,2 % (nach Tonnenkilometer; BMVI 2015, S. 44) des Gesamtgüterverkehrs zeigt jedoch eine deutliche Konzentration des Gütertransports auf die Straße. Eine Studie, veröffentlicht durch die Pro Mobilität, zeigt, dass bis zum Jahr 2030 der Anteil des Straßengütertransports bei ca. 72 % des Gesamtgüteraufkommens liegt. Gleichzeitig wird die Menge des Güterverkehrs steigen (Pro Mobilität 2014, S. 2). Es ist davon auszugehen, dass somit durch die Vergrößerung der Städte und die Integrierung von Produktionsstätten in die Stadt der Anteil der Transportfahrzeuge in den Städten zunehmen wird. So wird sich die **Güterverkehrsleistung der Straße** von 437,3 Mrd. Tkm im Jahr 2010 auf 607,4 Mrd. Tkm im Jahr ... um **39 % erhöhen**, der Gesamtgüterverkehr um ca. 38 % (BMVI 2014, S. 8). Das steigende Güterverkehrsaufkommen wird dadurch in der Zukunft eine noch größere Rolle spielen, besonders der Straßengüterverkehr in Städten (Allen et al. 2012, S. 47). Ein Aspekt dabei ist das Parken in nicht

3.2 Urban Production & Logistics

vorgesehenen Parkflächen und die daraus entstehenden Staus (M. D. S. Transmodal 2012, S. 3). Die Ausdehnung der Städte könnte ebenfalls die Entfernung von **Logistikzentren** außerhalb der Stadt vom Stadtkern betreffen, falls die Standortwahl weiterhin im Außenbezirk der Stadt bleibt (Allen et al. 2012, S. 47).

Bereits heute hat der gesamte **Straßengüterverkehr** einen **wesentlichen Einfluss** auf die urbane Umwelt. Dies bedarf, vor allem auch hinsichtlich eines **veränderten Kaufverhaltens** hin zu Onlineshopping, Expresslieferungen oder Lieferservices, neue Lösungskonzepte der Distributionslogistik. Die bereits erfolgte Umstellung auf kleinere Transportfahrzeuge zur Auslieferung der Waren kann zu einer höheren Lieferfrequenz und zu Wartezeiten auf die Lieferung führen, was die Logistiker vor weitere Herausforderungen stellt (Anderson et al. 2005, S. 79). So sind zum einen Leerfahrten im urbanen Raum zu vermeiden und zum anderen gezielt spezielle Transportmittel optimal zu nutzen.

Die für die Distributionslogistik entstehenden **wesentlichen Herausforderungen** sind in die Bereiche der **Infrastruktur**, der **sozio-ökologischen** und der **sozio-ökonomischen Umwelt** einzuordnen. Ziel wird es sein, Konzepte zu entwickeln, die beispielsweise eine Logistik der sogenannten **„letzten Meile"** zum Kunden beinhalten. Dazu gehören Logistikstandorte innerhalb der Stadt, die zentral mit Waren aus dem Logistikzentrum außerhalb der Stadt beliefert werden und von wo der Kunde die Ware selbst abholt (Lohmeier 2013, S. 6). Es werden aktuelle Logistikzentren in die Stadt hineinwachsen, die innerstädtische Logistikstationen beliefern und selbst von Logistikzentren außerhalb der Stadt mit Waren beliefert werden. Zukünftig werden sogenannte **3rd- oder 4th-Party Logistikanbieter** die Umschlags- und Distributionszentren innehaben, von denen aus die Verteilung der Waren erfolgt (Hesse 2006, S. 42). Ihre Aufgabe ist es, die Koordination der Logistikwege und Lösungskonzepte zur Optimierung der innerstädtischen logistischen Verkehrsströme zu entwickeln (Rösch 2013, S. 1). Dazu gehört auch die **Einbindung des Transports** über die **Schifffahrtswege** und den **Schienenverkehr**. Die Herausforderungen und Potenziale in diesen Transportbereichen erfasst die bestehende Literatur nicht vollständig.

Ziel muss es sein, **wesentliche Grundsätze** für eine Optimierung des Güterverkehrs in Städten zu berücksichtigen. Dies sind vor allem die **effiziente Gestaltung** des Verkehrs und der Logistik (Nutzung von Wasserstraßen und Schienenverkehr, sowie das Fahrrad), eine **optimale Nutzung** der vorhandenen Flächen, sowie die Verbesserung der **räumlichen Arbeitsteilung** in der Stadt (Hesse 1998, S. 133).

Die bestehende Literatur befasst sich bisher mit der Erarbeitung möglicher Handlungsfelder zur Vermeidung grundsätzlicher Herausforderungen der Distribution von Transportmitteln in Städten. Es werden hauptsächlich auf Umweltfaktoren, wie die steigenden Schadstoffemissionen, erhöhtes Verkehrsaufkommen, sowie die ineffiziente Auslastung von Transportfahrzeugen durch die veränderte Sendungsstruktur, Senkung der Bestellmengen und Erhöhung der Bestellzyklen thematisiert. Dies ist vor allem auf den Wandel hin zum E-Commerce zurückzuführen (Erd 2015, S. 24). Eine konkrete Ableitung betriebswirtschaftlicher Herausforderungen und Handlungskonzepten fehlt bislang.

Die optimale Auslastung von Transportfahrzeugen, eine Nutzung bisher nicht genutzter Transportwege, wie etwa die innerstädtischen Binnengewässer und das Schienenverkehrsnetz, sind aus **betriebswirtschaftlicher Perspektive** zu analysieren. Besonders im Hinblick auf die Verschiebung des Straßengütertransportes hin zum Binnengewässer- oder Schienenverkehr sind **Kosten-Nutzen-Analysen** zu erstellen. Eine wesentliche Herausforderung wird es sein, die **Distributionsprozesse** bei einer Veränderung des Transportnetzes zu **optimieren**. Ein Ansatz hierfür besteht in dem sogenannten „Letzte-Meile"-Konzept, das von der DHL bereits forciert wird (Lohmeier 2013, S. 6). Ziel ist es, den Transport der Ware im letzten Kilometer dem Kunden zu überlassen, um so Transportkosten zu sparen und Transportprozesse durch eine zentrale Belieferung von Paketstationen zu verschlanken. Dabei könnte auch eine Einbindung von **Elektrofahrzeugen** erfolgen. Die Nutzung von elektronisch betriebenen Transportfahrzeugen ist zum einen eine große Chance zur Minderung von negativen Umwelteinflüssen des Verkehrs, wie CO_2-Emissionen und Verkehrslärm (Huettl et al. 2010, S. 12). Zum anderen entstehen **Kosteneinsparpotenziale** durch günstigen Strom als Energieträger für den Antrieb der Elektrofahrzeuge. Die aktuelle Problematik des Einsatzes solcher Fahrzeuge ist neben den technischen Herausforderungen hinsichtlich der Reichweite und Belastung der Fahrzeugtechnik die schlecht ausgebaute Infrastruktur von Aufladestationen und die unzureichende Stromnetzinfrastruktur. Bei steigender Anzahl an Elektrofahrzeugen bedarf es eines Ausbaus der Ladestationen sowie des Stromnetzes. Des Weiteren sind Standards beispielsweise für die Stecker erforderlich, um den Gütertransport mit Elektrofahrzeugen zu ermöglichen (Lohmeier 2013, S. 6 f.).

Mehrere Fraunhoferinstitute und weitere Forschungseinrichtungen arbeiten in zahlreichen Forschungsprojekten an der Entwicklung von **E-Mobility- und Logistikkonzepten** im Umgang mit der Distribution in urbanen Räumen. Diese Initiativen stehen jedoch noch am Anfang der Entwicklung. So sind die betriebswirtschaftlichen Aspekte in der Konzeptionierung noch nicht vollständig erfasst (Huettl et al. 2010, S. 34 ff.). Auch konkrete Handlungsempfehlungen und Kosten-Nutzen-Analysen fehlen bisher.

3.3 Innovation und Digitalisierung

Das Hervorbringen von **Innovationen** stellt insofern eine zentrale Herausforderung für das Städtemanagement dar, als die Innovationskraft einer Region gemeinhin **als Indikator für gesellschaftliche und wirtschaftliche Prosperität** angesehen wird. Städte sind in diesem Zusammenhang besonders gegenüber ländlichen Regionen im Vorteil, da durch die **räumliche Nähe** von Innovations-relevanten Akteuren **Interaktionen** stattfinden, die Innovationen hervorbringen.

Einerseits können diese **Interaktionen** durch einzelne Personen oder Organisationen gezielt **geplant** sein. Beispielsweise siedeln sich um den Hauptsitz von Audi in Ingolstadt bewusst Zulieferer in der Nähe des Audiwerks an, um einen möglichst effizienten und reibungslosen Austausch mit Audi zu gewährleisten. Diese Nähe ermöglicht auch einen engeren Austausch hinsichtlich innovativer Kooperationsvorhaben.

Andererseits müssen diese **Interaktionen nicht immer geplant** sein, sondern können vielmehr schlichtweg aus der (zufälligen) geografischen Nähe resultieren. Die Ansiedlung unterschiedlicher Firmen aus dem Bereich der Kreativindustrie ist zum Beispiel ein Vorteil für die Stadt Berlin. Branchengrenzen verschwimmen dabei, indem Menschen Arbeitsplätze wechseln und so Innovationen durch den Wissenstransfer der die Arbeitsplätze wechselnden Personen hervorbringen. Illustrativ sei auf Berufe und Innovationen in den neuen Medien, Design, Architektur und Software verwiesen. Die Berufsbilder sind nicht trennscharf und so kommt es immer wieder zu neuen Karriereoptionen für die Menschen und gleichzeitig zu Innovationen, die durch die jeweiligen Unternehmen auf Basis der Menschen mit variierenden Karrierewegen und Expertisen hervorgebracht werden können. Diesen Aspekt betont auch Richard Florida in seinem Ansatz zu kreativen Städten bzw. der, wie er es formuliert, ‚kreativen Klasse' (Florida 2004). In diesem Zusammenhang propagiert er die Notwendigkeit von „drei Ts", um wirtschaftlich als Stadt erfolgreich zu sein und kreative Personengruppen für sich zu gewinnen:

- **Talent**: Die Bevölkerung sollte durch (Fort-)Bildungsangebote gefördert werden. Hierzu führt er etwa die Existenz von Universitäten ins Feld.
- **Toleranz**: Die Bevölkerung sollte über ein gewisses Maß an Diversität verfügen. Diese Diversität soll sodann auch gelebt und wechselseitig toleriert werden.
- **Technologie**: Die betreffende Stadt muss über eine angemessene technologische Infrastruktur verfügen, um attraktive Bevölkerungs- und Berufsgruppen für die Stadt zu begeistern bzw. deren Arbeit zu ermöglichen.

Eng mit der Innovationskraft verbunden ist die Fähigkeit zu lernen bzw. neues Wissen aufzunehmen. Denn durch die Rekombination von Wissen entstehen vielfach Innovationen. Wie können nunmehr Städte von anderen Kontexten, insbesondere von anderen Städten, lernen? Nebst klassischen, stadtverwaltungsinternen Wissensmanagementmechanismen, wie z. B. dem Aufbau von Datenbanken, sei hier auf **organisierte Veranstaltungen** wie Messen, Events oder Roadshows verwiesen (Müller-Seitz, Schüßler 2013; Schüßler et al. 2015). Solche Veranstaltungen können dazu dienen, Wissen zu erwerben oder auch gleichzeitig Wissen weiterzugeben bzw. neu zu generieren. So stellt der Besuch einer Messe, wie beispielsweise der 2015 in Berlin stattfindenden Metropolitan Solutions, eine Möglichkeit dar, innerhalb weniger Tage an einem Ort weltweite Vertreter unterschiedlicher Ansätze zu Smart Cities zu treffen und von deren Erfahrungen zu profitieren. Städtepartnerschaftlich organisierte Besuche anderer Städte sind auch ein beliebtes Mittel, um formelles und informelles Wissen zu erhalten. Darüber hinaus kann auch neues Wissen generiert werden, etwa indem neue Initiativen zwischen Städten gemeinsam gestartet werden, wie dies regelmäßig beim Deutschen Städtetag der Fall ist. Des Weiteren können auch Städtepartnerschaften der gleichen Zielverfolgung dienen.

Die vorangegangene Darstellung orientierte sich vergleichsweise einseitig an der städtischen Verwaltung bzw. der Politik. Wir wollen uns nun aber einer neuen Entwicklung widmen, dem offenen Regierungs- bzw. Verwaltungshandeln. Dieses Konzept wurde durch US-Präsident Barack Obama unter dem Begriff **Open Government** prägnant geprägt und erfreut sich zunehmender Popularität (s. Kowalski et al. 2015 für einen Überblick). Inspiriert durch unterschiedliche gesellschaftliche und wirtschaftliche Strömungen hin zu offenen Austauschprozessen, wollen wir nun aktiv die Interaktion öffentlicher Einrichtungen und ihrer Bürger vor städtischem Hintergrund adressieren. Mit Blick auf Open Government lassen sich unterschiedliche Formen des Austauschs mit den Bürgern festhalten. So können Bürger etwa aufgerufen werden, Verbesserungsvorschläge für ihre Stadt und deren Planung zu entwickeln. Ein vielfach genutztes Instrument sind in diesem Zusammenhang Bürgerhaushalte. So stellt der Bezirk Berlin-Lichtenberg beispielsweise seinen partizipativen Haushalt für einzelne Vorhaben (z. B. Bauvorhaben) zur Disposition und ist bestrebt, im Konsens mit den Bürgern Lösungen zu entwickeln. Die Vorteile dieses Verfahrens liegen aus Sicht der Beteiligten auf der Hand: Zunächst lässt sich festhalten, dass Ideen generiert werden, die sonst nicht aufgekommen wären. Zudem fördert die Einbindung der Bürger deren Engagement auch oftmals über den Bürgerhaushalt hinaus und die im Bürgerhaushalt durch die Bürger mitbestimmten Maßnahmen sind später leichter umsetzbar, weil die Akzeptanzbarrieren geringer sind. Hierfür hat sich der Begriff **Citizensourcing** etabliert (hier und im Folgenden: Hilgers et al. 2010), abgeleitet aus den Begriffen Bürger ('Citizen') und Beschaffung ('Sourcing'). Grundsätzlich wollen wir darunter also die aktive Beteiligung von Bürgern verstehen, die sich an Prozessen beteiligen, die zuvor nur verwaltungsintern bearbeitet wurden. Ähnlich verhält es sich mit einer Hamburger Initiative unter dem Namen Nexthamburg. Hier werden off- und online visionäre Ideen generiert, wie die Stadt sich weiterentwickeln kann.

Das Citizensourcing muss jedoch nicht immer nur auf neue Ideen bzw. Innovationen abstellen. Es ist auch denkbar, die Bürger für administrative Prozesse einzuspannen, wie das nachstehende Beispiel dokumentiert. Es adressiert dabei zwar nicht in erster Linie Innovationen, stellt jedoch eine (öffentliche) Managementinnovation dar.

> **FixMyStreet**
>
> Auf der Website FixMyStreet können britische Bürger Anliegen direkt an die lokalen Behörden melden. Es ist in diesem Zusammenhang egal, ob es sich um aufgebrochene Müllcontainer, Schlaglöcher oder Randalierer handelt; die Bürger können ihre individuellen Probleme so unkompliziert und effektiv an die lokale Verwaltung übermitteln. Derzeit wirbt die Website (Stand März 2015) damit, dass pro Monat ca. 16.000 Meldungen eingingen, wovon rund 6000 gelöst wurden.

Eng verbunden mit der Innovationskraft einer Stadt ist die **Digitalisierung** vor allem der Verwaltungsdaten, was derzeit häufig unter dem Stichwort **Open Data** diskutiert wird. Die Stadt mit ihrer Verwaltung wird dabei als Datencenter begriffen, das nicht nur Daten über die Bürger sammelt, sondern diese Daten auch zur weiteren Verwendung freigibt (s. nachstehendes Beispiel zur Illustration). Vor diesem Hintergrund existieren parallel zum Begriff der Smart Cities auch diverse andere Konzepte, wie etwa das der Cyber Cities, Wired Cities, Ubiquitous Cities, Cyberville, Digital Cities oder Intelligent Cities. Wenngleich sich diese Konzepte in Nuancen unterscheiden, so stellen sie doch alle vermehrt auf eine stärkere IT-basierte Vernetzung der Aktivitäten und Akteure einer Stadt ab.

> **BART**
>
> Das öffentliche Nahverkehrssystem in San Francisco, die Bay Area Rapid Transit Organisation (BART; http://www.bart.gov/schedules/developers/maps), bietet eine IT-Plattform bzw. Apps an, die jeder Bürger in Echtzeit frei nutzen und ergänzen kann, um auf Basis der durch die Nutzer getriebenen Daten besser über aktuelle Geschehnisse im Nahverkehr informiert zu sein. 1500 Freiwillige haben sich dabei in eine Mailing-Liste eingetragen und ca. 100 Personen geben regelmäßig (mind. einmal pro Woche) einen Eintrag ein. BART fungiert dabei selbst als Mittler zwischen Kunden und Entwicklern sowie möglichen Service-Providern.

Die Digitalisierung hilft dabei nicht nur im Zuge der Bürgereinbindung i.e.S., sondern kann für sämtliche Infrastrukturen genutzt werden. Im Einklang mit dem Begriff Smart City, haben sich dahin gehend **verwandte ‚Smart'-Begriffe** etabliert, die letztlich ebenso wie im Fall der Smart City-Konzeption zumeist auf die IT-basierte Vernetzung von Aktivitäten und Akteuren bauen. Als Beispiel seien **Smart Grids** angeführt, also die Vernetzung unterschiedlicher Aktivitäten und Akteure aus den Bereichen Stromerzeugung, -speicherung und -transport.

Abschließend sei angemerkt, dass stets auch die **Grenzen und Gefahren** der Offenheitsbestrebungen berücksichtigt werden müssen. Denken wir beispielsweise an die Enthüllungen von Edward Snowden. Ob wir diese nun im Einzelfall begrüßen oder als verwerflich beurteilen, sei dahingestellt. Festhalten lässt sich jedoch, dass der Umgang mit Daten hin zu mehr Offenheit stets gezielt abgewogen werden sollte.

3.4 Risiko und Resilienz

Für die zentralen Begriffe Risiko, Unsicherheit und Resilienz greifen wir nach unserer Auffassung auf folgende Definition zurück (s. hier und im Folgenden Müller-Seitz 2014 für Details): Risiko und Unsicherheit lassen sich grundsätzlich als Endpunkte eines Kontinuums (Risiko – Unsicherheit) denken, wobei **Risiko zwei Ausprägungsformen** annehmen kann, a priori Risiko oder statistisches Risiko. A priori Risiko bezieht sich auf Situationen, in denen die Eintrittswahrscheinlichkeit eines Ereignisses präzise vorhergesagt werden kann (z. B. die Eintrittswahrscheinlichkeit einer „3" beim Würfeln eines Würfels mit sechs Ziffern). Dies ist bei statistischen Risiken nicht gegeben. In diesem Fall kann die Eintrittswahrscheinlichkeit geschätzt, aber nicht genau bestimmt werden (z. B. die erwartete Infektionsrate für Grippe im kommenden Winter im Berliner Stadtgebiet).

Im Verhältnis zu den mehr oder minder abschätzbaren Ereignissen, die durch Risiken gekennzeichnet sind, soll **Unsicherheit** als das im Extremfall noch nicht einmal Erwartbare verstanden werden. Sieht man von der Möglichkeit bzw. den Gerüchten ab, dass die Sicherheitsbehörden in den U.S.A. im Vorfeld zu den Terrorangriffen vom 9. September 2001 gewarnt wurden, so waren diese Anschläge durch Unsicherheit gekennzeichnet, da bis dato kein derartiger Anschlag durchgeführt wurde.

Wir wollen **Resilienz** fortan vor städtischem Hintergrund als die Fähigkeit einer Stadt verstehen, unter sich wandelnden – nicht zwingend, aber meist zugleich widrigen – Umständen fortbestehen zu können. Dabei wird unterstellt, dass es eine zentrale Herausforderung für sämtliche städtische Akteure ist, die Zukunftsfähigkeit von Städten zu gewährleisten, indem die Städte ein möglichst hohes Maß an Resilienz aufweisen.

Der **Klimawandel** wird in diesem Zusammenhang immer wieder als Bedrohungsszenario bemüht, auf das sich Städte oder Gemeinden einzurichten haben (s. nachstehendes Beispiel). Die Wahrnehmung und die resultierenden Ansätze zum Umgang mit dem Klimawandel variieren stark. Beispielsweise hat eine Studie von Christmann und Kollegen (2011) aufgezeigt, dass Bürger der an der Ostsee gelegenen mittelgroßen Stadt **Lübeck** den Klimawandel primär als bedrohlicher wahrnehmen, als dies beim Durchschnitt der Bevölkerung der Fall ist. Diese Bedrohung manifestiert sich u. a. in vermeintlich wiederkehrenden Sturmfluten, die die Bausubstanz der Innenstadt durch Überflutungen gefährden, sowie in einem steigenden Meeresspiegel. Auch die Gefahr möglicher Flüchtlingsströme, grüner Weihnachten oder einer Tundra werden heraufbeschworen. Vor diesem Hintergrund überrascht es wenig, dass resultierende Maßnahmenkataloge vor allem die Karbondioxidreduktion und den Bau von Schutzvorkehrungen vor Fluten fokussieren.

> **Umgang mit dem Klimawandel – Die „Leben mit dem Wasser"-Initiative**
>
> Die niederländische Regierung ist sich der Herausforderungen des Klimawandels im wahrsten Sinne des Wortes naturgemäß bewusst. Dies ist in der prekären geografischen Lage der **Niederlande** begründet, die – wie ihr Name es bereits andeutet – nicht nur nah am Wasser gelegen sind, sondern auch eine über weite Strecken flache Geländestruktur aufweisen. Zudem sind weite Teile des Landes unterhalb des Meeresspiegels verortet.
>
> Aufschlussreich ist in diesem Zusammenhang, dass der **Klimawandel akzeptiert** und nach **innovativen Formen des Umgangs** damit gesucht wird. Dies hat teilweise auch positive Wirkeffekte zur Folge, die in dieser Form sonst nicht eingetreten wären. Beispielsweise werden regelmäßig Flächen zur Bewässerung im Fall von Überflutungen freigegeben, die um kritische (städtische) Infrastrukturen herum angesiedelt sind. Positiver Nebeneffekt: die Flächen werden bewässert, wodurch die Fruchtbarkeit des Bodens en passant mit erhöht wird. Ein weiteres Beispiel sind schwimmende Häuser, die sich aufgrund ihres Bootscharakters flexibel an unterschiedliche Wasserstände anpassen können.

Die angeführten Beobachtungen sind auf den ersten Blick nicht weiter verwunderlich. Interessant wird es jedoch, wenn wir uns vor Augen führen, wie der Klimawandel vom Gros der Bevölkerung in **Rostock** wahrgenommen wird. Rostock ist eine in vielerlei Hinsicht vergleichbare Stadt, liegt sie doch auch an der Ostsee, verfügt über eine ähnliche Einwohnerzahl und ist vor allem klimatisch ähnlichen Bedingungen wie Lübeck ausgesetzt. Sogar die Historie weist einschlägige Parallelen auf, handelt es sich doch in beiden Fällen um durch die Hanse geprägte Städte. Es liegt also die Vermutung nahe, dass dort der Klimawandel ähnlich empfunden wird. Dies ist aber nicht der Fall – ganz im Gegenteil: die Bürger Rostocks nehmen den Klimawandel in erster Linie als Chance wahr. Klimawandel wird dabei zumindest zu einem gewissen Ausmaß als gestaltbar empfunden. Als mögliche positive Effekte des Klimawandels werden etwa steigende Touristenzahlen aufgrund der steigenden Temperatur genannt oder neue Arbeitsmarktchancen, die sich für die Schifffahrt oder Agrikultur (z. B. mit Blick auf Aquakulturzüchtung) ergeben. Außerdem könnte ehemals unbrauchbares Land für landwirtschaftliche Zwecke rekultiviert werden. Diese beiden Perspektiven verdeutlichen, dass urbane Resilienz oftmals nicht nur eine Frage vermeintlich objektiver Maßnahmenbündel ist, sondern vielmehr auch eine Frage der sozialen Konstruktion oder umgangssprachlich formuliert: es handelt sich um eine Einstellungsfrage.

Der Umgang mit **Katastrophen oder Krisensituationen**, die durch ein hohes Maß an Unsicherheit gekennzeichnet sind, stellt ein weiteres Phänomen dar, dem sich eine zukunftsfähige Smart City zu stellen hat. Es lässt sich im Zeitablauf festhalten, dass Städte immer mehr unvorhersehbaren Katastrophen und Krisensituationen ausgesetzt sind. Illustrativ sei auf Unwetterereignisse (z. B. die Gewitter im Ruhr- und Rheingebiet im Juni 2014), Terroranschläge (z. B. in Paris im Januar 2015) oder Engpässe bei der Grundversorgung bzw. Gewährleistung der Infrastruktur (z. B. das Münsterländer Schneechaos im November 2005) verwiesen.

In diesem Zusammenhang sind wir der Auffassung, dass es nicht Aufgabe eines einzelnen, vermeintlich omnipotenten Akteurs sein kann (sofern es diesen überhaupt praktisch geben könnte, was zu bezweifeln ist), sich mit Krisensituationen zu befassen. Bei derartigen Großschadenslagen sind vielmehr **koordinierte Rettungsmaßnahmen** erforderlich. Das nachstehende Beispiel (Berthod et al. 2015) verdeutlicht die Relevanz:

Arbeitskreis Großveranstaltungen

Der Arbeitskreis Großveranstaltung (AKG) ist ein Netzwerk, das sich aus knapp 30 sicherheitsrelevanten Organisationen der Stadt Düsseldorf zusammensetzt. Im Zentrum der Aktivitäten steht die Planung von Großveranstaltungen, beispielsweise Fußballspielen von Fortuna Düsseldorf, Konzerten oder dem Karneval in der Altstadt. Durch Ereignisse wie einen Todesfall bei einem Konzert der Band Die Toten Hosen sowie auch durch das Love-Parade-Unglück in der Nachbarstadt Duisburg im Jahr 2010 erhielt der AKG im Zeitablauf zunehmend politische Unterstützung und Ressourcen. So gelang es im Zeitablauf immer besser, die unterschiedlichen Organisationen zur Kooperation sowie zur Koordination ihrer Aktivitäten zu bewegen.

Dies klingt zunächst selbstverständlich, gilt es doch beispielsweise beim alljährlichen Karneval die Sicherheit der möglichst reibungslos verlaufenden Veranstaltung über die einzelnen Tage hinweg zu gewährleisten. Hervorzuheben ist an dieser Stelle jedoch, dass der AKG deutschlandweit in vielerlei Hinsicht als Vorbild angesehen werden kann. Dies lässt sich mit der im Vorfeld, während und im Nachgang einer solchen Veranstaltung sehr konstruktiven und offenen Kooperationsatmosphäre und den daraus resultierenden Koordinationsleistungen begründen.

In Zukunft wird es bei Smart Cities also nicht nur darum gehen, die Kommunikations- und Informationstechnologieinfrastruktur bestmöglich auszugestalten. Vielmehr wird es auch darauf ankommen, dass **zukunftsfähige Kooperations- und Koordinationsmechanismen** geschaffen werden, sodass einzelne Organisationen miteinander möglichst effektiv und effizient kooperieren können. Der Aufbau von Vertrauen unter den einzelnen Kooperationspartnern als ‚weicher' Koordinationsmechanismus wird dabei als mindestens ebenso wichtig wie die Einrichtung einer adäquaten Kommunikations- und Informationstechnologieinfrastruktur empfunden.

Das generelle Bedürfnis der Bürger nach **Vermeidung von Unsicherheit** ist ein weiterer Aspekt, der immer wieder aus Sicht des Städtemanagements von Belang ist. Hiermit wollen wir uns nun näher auseinandersetzen (s. nachstehendes Beispiel).

Gated Communities

Sicherheit durch physische Abschottung zu gewährleisten ist seit jeher eine durch Bürger selbst oder die Stadt bzw. den Staat wahrgenommene Verantwortung. Mittelalterliche Burgen, um nur ein Beispiel ins Feld zu führen, waren bereits zur Verteidigung der Stadtbewohner ausgelegt. Die sogenannten Gated Communities („geschlossene Wohnanlagen") sind demgegenüber eine vergleichsweise junge Erscheinung, die in der heutigen Form erstmals Mitte des 19. Jahrhunderts in den U.S.A. zum Schutz wohlhabender Leute Verbreitung fanden.

Es gibt unterschiedliche Ausprägungen, die sich in Bezug auf das Ausmaß der Absicherung bzw. Abschottung unterscheiden. Die Ausprägungen rangieren von kleineren Wohneinheiten, die lediglich überwacht werden, bis hin zu ganzen Siedlungen, die nur durch das Passieren von Personenkontrollen erreichbar sind. Zäune, Mauern, Kameras und Wachpersonal sind die am deutlichsten sichtbaren Abschottungsmechanismen solcher Gated Communities. Als Beispiel seien Hot Springs Village, Arkansas, der Bezirk Brickell Key in Miami oder die Arcadia-Wohnanlage am Hafelufer in Potsdam genannt.

Das zuvor angeführte Fallbeispiel verdeutlicht das Bedürfnis nach Sicherheit. Im deutschen Kontext sind derartige Gated Communities wohl noch eher die Ausnahme, wenn man von Botschaftsvierteln, wie etwa im Berliner Tiergarten, absieht. Dennoch findet auch in Deutschland eine lebhafte Diskussion darüber statt, inwieweit der **Staat oder private Sicherheitsfirmen Einfluss auf das alltägliche Leben** nehmen sollen oder dürfen.

Kontrovers diskutiert wird beispielsweise der Einsatz von **Überwachungskameras** an öffentlichen Plätzen, wie etwa einem Bahnhof oder Rathausplatz. Während ein Teil der Bevölkerung sich hierdurch sicherer fühlt und die Vorteile durch Unternehmen wie IBM (s. die Fallbeispiele am Ende dieses Buchs), Siemens oder General Electric in Anschlag gebracht werden, weisen andere Teile der Bevölkerung wiederum auf mögliche Nachteile hin. Der an DDR-Zeiten erinnernde Überwachungsstaat oder der US-amerikanische „Big Brother" im orwellschen Sinne wird dahin gehend oftmals von Kritikern heraufbeschworen. Wir wollen uns an dieser Stelle keiner dieser Positionen verschreiben. Festzuhalten bleibt jedoch, dass ein Diskurs darüber stattfinden sollte, ob bzw. eher wie weit solche Eingriffe ermöglicht werden sollen. Es handelt sich dabei also um mehr als nur eine rein IT-getriebene Fragestellung, die nicht nur auf Basis rein technologischer Parameter zu entscheiden ist, sondern auch rechtliche und ethische Aspekte berücksichtigen muss.

3.5 Megaprojekte

Groß angelegte Projekte, sogenannte **Megaprojekte**, sind immer wieder Anlass für Begeisterung, aber auch für Kontroversen. Dies liegt u. a. in dem **finanziellen und infrastrukturellen Ausmaß** begründet, welches derartige Projekte nach sich ziehen. Die Bandbreite an Großprojekten ist dabei sehr unterschiedlich. Grundsätzlich lassen sich **Projekte** als **zeitlich befristete Vorhaben** begreifen, für deren Ziel- und Aufgabenerfüllung speziell Ressourcen (z. B. Mitarbeiter oder Kapital) gebunden werden. Hierunter fallen beispielsweise das Errichten von Gebäuden oder anderer baulicher Infrastrukturen (z. B. der Bau einer Brücke), die Herstellung von Produkten (z. B. dem Airbus A380) oder die Ausrichtung eines Events (z. B. einer Fußballweltmeisterschaft).

Meist sind Megaprojekte durch eine **projektübergreifende Metaorganisation** gekennzeichnet. Diese übernimmt die **Gesamtsteuerung** und oftmals auch die **Gesamtverantwortung** für das betreffende Vorhaben. Grund hierfür ist, dass ein solches Megaprojekt üblicherweise eine Reihe von Teilprojekten beinhaltet, die selbst einen beträchtlichen zeitlichen und finanziellen Umfang haben. Der Airbus A380 beispielsweise wurde standortübergreifend über einen Zeitraum von rund 20 Jahren fertiggestellt und in separaten Projekten an unterschiedlichen Standorten, wie z. B. Hamburg und Toulouse, gefertigt. Die Steuerung wird dabei vor allem dadurch erschwert, dass vielfach isoliert auf klassische Projektmanagementansätze abgestellt wird, die die jeweilige Projektumwelt außer Acht lassen und wenig sensibel für den betreffenden Kontext sind. Beispielsweise sind Bürgerinitiativen ein möglicher Stolperstein, der ganze Projekte finanziell und organisatorisch vor extreme Probleme stellen kann (vgl. das nachstehende Beispiel zum Bau des Berliner Flughafens oder das Beispiel von der Bürgerprotestbewegung Stuttgart 21 in Abschn. 3.1).

> **Flughafen Berlin Brandenburg International**
> Der Berliner Flughafenausbau im Berliner Stadtrandbezirk Schönefeld stellt zum Zeitpunkt des Abfassens dieses Beitrags weiterhin ein wenig rühmliches, gemeinhin bekanntes Megaprojekt dar. Die Planungen gehen bis auf die Jahrtausendwende zurück und die Umsetzung ist bis heute noch nicht abgeschlossen. Sich ändernde politische und rechtliche Rahmenbedingungen sowie ein Missmanagement dieses Megaprojekts in Form von Korruption, Baumängeln und Fehleinschätzungen (insbesondere bei den Kosten) wirken bis heute fort und die vollständige, wie ursprünglich geplante Inbetriebnahme dürfte Prognosen zufolge noch einige Jahre andauern.

Dieses Megaprojekt zeichnet sich auch durch sein eskalierendes Commitment aus, welches – aus Sicht der Pfadabhängigkeitsperspektive beleuchtet – dazu führt, dass im Verlauf zunehmend Alternativen bewusst ausgeblendet wurden; nicht zuletzt mit dem Verweis, dass ja bereits unzählige Investitionsmittel getätigt wurden und vermeintlich keine Alternative bestünde (s. Abschn. 3.4). Ein weiteres Manko stellt die Auseinandersetzung mit den Bürgern dar, deren Integration ähnlich wie im Fall von Stuttgart 21 (s. hierzu auch das Beispiel unter Abschn. 3.1) als wenig gelungen eingestuft werden kann.

Für das Städtemanagement ist es oftmals ein zentraler **Anreiz, Großereignisse auszurichten**, da dies Aufmerksamkeit für die betreffende Stadt nach sich zieht und den jeweiligen Standort – nicht zuletzt für Touristen – aufwertet. Anders lässt es sich wohl kaum erklären, warum Städte immer wieder finanziell in Vorleistung gehen, um sich für Großereignisse zu bewerben (s. nachstehendes Beispiel mit Blick auf die Olympischen Spiele). Gerade im Fall von Ereignisserien, wie den Olympischen Spielen oder Fußballweltmeisterschaften, die über eine – vermeintlich auch finanziell – erfolgreiche Historie zurückblicken können, ist es besonders von Reiz, als Austragungsort den Zuschlag zu erhalten. Doch spätestens dann, wenn ein solcher Zuschlag erhalten wurde, formiert sich üblicherweise massiver Widerstand von lokal betroffenen Gemeinden und deren Bürgern, die durch Umbaumaßnahmen perspektivisch Einbußen befürchten. Als Beispiel sei an dieser Stelle der massive Widerstand gegen eine Bewerbung der Stadt München im Jahr 2013 für die Olympischen Winterspiele 2022 angeführt. Ähnlicher Widerstand lässt sich aber auch regelmäßig bei anderen Megaprojekten festhalten. Wiederum auf München rekurrierend, sei der gescheiterte Bau einer Transrapidtrasse im Jahr 2008 genannt.

Olympische Spiele

Die Olympischen Spiele stellen ein wiederkehrendes Megaprojekt dar, bei dem die betreffende Stadt die Möglichkeit erhält, sich im wahrsten Sinne des Wortes der Welt gegenüber zu präsentieren. Der Aufwand für das Ausrichten des Ereignisses ist immens und startet bereits Jahre im Voraus. Im Anschluss an nationale Aktivitäten und nationale Vorentscheide erfolgt die offizielle Bewerbung und der Wettkampf mit anderen Städten auf der Welt. Wird der Zuschlag für das rund zweiwöchige Ereignis erhalten, so beginnt die Vorplanung, die in der Regel sieben Jahre in Anspruch nimmt. Regelmäßig werden dabei vorab anvisierte Budgets überstiegen. Schaut man genau hin, gilt dies auch für das als finanziell vermeintlich erfolgreiche Ereignis in London im Jahr 2012. Denn erst eine der jüngeren Budgetberechnungen über die Kosten wurde letztlich eingehalten. Entscheidend sind überdies die finanziellen und infrastrukturellen Belastungen im Anschluss, quasi das Erbe eben dieser Spiele. Leer stehende und ungenutzte Arenen der Olympischen Spiele in Athen 2000 sind denkwürdige Erinnerungen daran, dass im Anschluss an die Olympischen Spiele für viele Städte oftmals der Alltag einkehrt. Sich für dieses Erbe angemessen und nachhaltig zu rüsten, stellt eine der zentralen Herausforderungen für das Städte- und Eventmanagement solcher Megaprojekte dar.

3.5 Megaprojekte

Es lassen sich jedoch auch ambitionierte Megaprojekte festhalten, die der teils zuvor eingenommenen, kritischen Perspektive entgegengehalten werden können. Wenn wir uns im Rahmen dieses Buchs mit Städten auseinandersetzen, haben wir üblicherweise historisch gewachsene Städte vor Augen und wie diese – mit Blick auf den Titel – zu Smart Cities transformiert werden können.

Dies muss jedoch nicht immer der Fall sein. Es gibt weltweit eine **Reihe von Städten, die buchstäblich auf der ‚grünen Wiese' bzw. auf dem planerischen Reißbrett entstehen**. Nachstehendes **Beispiel** des PlanIT Valley aus Portugal dient der Illustration:

> **PlanIT Valley**
>
> Als Beispiel für den Versuch, eine Stadt auf der ‚grünen Wiese' entstehen zu lassen, soll die portugiesische Gemeinde Paredes angeführt werden. Dort soll das sogenannte PlanIT Valley entstehen; sprachlich bewusst an das weltweite Vorbild für lokal-regionale Vernetzung und Prosperität, das Silicon Valley nahe San Francisco, angelehnt. So soll auch im PlanIT Valley wirtschaftliche Prosperität in einer Smart City vorzufinden sein. Die gesamte Stadt wird dabei als Megaprojekt von der Landes- sowie der lokalen Regierung unterstützt und ist durch eine starke IT-basierte Vernetzung gekennzeichnet. Ziel ist es, dass dort in naher Zukunft ungefähr 200.000 Menschen nach neuestem Stand der Technologie leben.

Wenngleich es auf den ersten Blick abwegig wirken mag, was die portugiesische Regierung ins Leben rufen will, so stellt das PlanIT Valley keineswegs einen Einzelfall dar. Weltweit wetteifern Bauunternehmen, IT-Dienstleister und Städteplaner sowie teilweise Regierungen darum, ein derartiges Megaprojekt aufzusetzen und eine völlig neue Stadt künstlich entstehen zu lassen. Als weiteres Beispiel sei etwa **Masdar City in den Vereinigten Arabischen Emiraten** genannt. Diese Stadt soll den Angaben der dortigen Visionäre zufolge karbonneutral sein und ohne Abfälle auskommen, da alles optimal recycelt wird. Auch den Belastungen durch die starke Hitze soll erfolgreich durch ein intelligentes und modernes Gebäudemanagement getrotzt werden. Einschränkend sei jedoch angemerkt, dass hier mit Blick auf die Einwohneranzahl die Ambitionen geringer sind: Schätzungen zufolge sollen dort nur etwa 40.000–50.000 Menschen wohnen können.

Etwas weniger ambitioniert sind Megaprojekte, bei denen **einzelne Stadtteile oder großflächige Gebäudekomplexe** neu entstehen sollen oder modifiziert werden. In Deutschland sei etwa der Potsdamer Platz in Berlin angeführt, der im Anschluss an die Wiedervereinigung grundlegend neu konzipiert wurde. Anderweitig bekannte und prominent dokumentierte Beispiele sind die Geschäftsviertel La Défense in Paris oder Roppongi in Tokio sowie die Palmeninselgruppe „The Palm, Jumeirah" in Dubai.

Smarter Cities – Best-Practice-Fallbeispiele von IBM

4.1 Einleitung

Rund um den Globus setzt sich die Urbanisierung fort und stellt sowohl hoch entwickelte Städte westlicher Prägung als auch die neuen Megacities vor neue Herausforderungen. 2030 sollen nach Schätzungen der Vereinten Nationen (United Nations, UN) 60 % der Menschen in Städten leben.[1] Selbst wenn Status quo und die Bedürfnisse der Bewohner sehr unterschiedlich sind, gilt es, die individuelle Lebensqualität zu sichern und noch zu erhöhen. Informationstechnologie ist hierbei der ausschlaggebende Faktor.

Nach Angaben der UN überstieg 2008 die weltweite Zahl der Stadtbewohner erstmals jene der Landbewohner. 2050 werden wahrscheinlich mehr als zwei Drittel (72 %, also 6,3 Mrd.) der Erdbevölkerung in Städten leben.[2]

Zurzeit wachsen die Städte der Welt jährlich um mehr als 60 Mio. Bewohner. Rund 180.000 Stadtbewohner kommen täglich hinzu. Dieses Wachstum findet fast ausschließlich in den städtischen Ballungsräumen der Entwicklungsländer statt, während die Metropolen in den Industrieländern ein verlangsamtes Wachstum verzeichnen oder teilweise schrumpfen. Zwei von drei Kindern, die heute in Entwicklungsländern geboren werden, wachsen in Städten auf. In Lateinamerika liegt die Verstädterungsrate bereits heute bei über 80 %, auch in Asien und Afrika wird diese bis 2030 auf über 50 % ansteigen.

Nach Schätzungen der UN werden 60 % aller Stadtbewohner weltweit im Jahr 2030 unter 18 Jahre alt sein. Dabei haben sich die Ursachen für das urbane Wachstum verschoben: Waren früher Landflucht und industrielle Entwicklung zentrale Ursachen der Verstädterung, ist heute das natürliche Wachstum der bereits in den Städten lebenden Bevölkerung der maßgebliche Faktor.

---

[1] http://www.bpb.de/internationales/weltweit/megastaedte/64736/staedtische-bevoelkerung.
[2] http://www.bpb.de/gesellschaft/migration/168594/wachstum-der-staedte.

Im Jahr 2020 wird es voraussichtlich 27 Megacities auf der Welt geben, also Städte mit mehr als zehn Millionen Einwohnern. Davon werden nur vier außerhalb von Entwicklungsländern liegen.[3]

Diese Megastädte mit mehr als zehn Mio. Einwohnern stehen an der Spitze dieser Entwicklung. Gleichzeitig werden die Menschen immer älter und wollen mobil sein und bleiben, der Verkehr steht vor dem Infarkt, die Umweltbelastungen nehmen zu und die Infrastruktur ist zum großen Teil veraltet.

Die Organisation for Economic Co-operation and Development (OECD) schätzt die erforderlichen Investitionen in die Bereiche Verkehr, Telekommunikation sowie Elektrizität und Wasserversorgung weltweit auf 41 Billionen EUR bis 2030, das sind etwas 3,5 % des globalen Bruttosozialproduktes.[4]

Städte müssen sich auf ein intelligentes Wachstum und insbesondere in den Bereichen Infrastruktur und Wirtschaft neu ausrichten und so zu einer intelligenten Stadt (Smarter City) werden. Eine urbane Bevölkerung fordert heute effizientere Strom- und Verkehrsnetze, gesunde Nahrungsmittel, sauberes Wasser, eine nachhaltige Lebensführung und eine transparente Verwaltung, damit sie mit den Anforderungen des Privat- und Berufslebens in einer immer wissensbasierteren Gesellschaft Schritt halten kann. Ein reines „Reparieren" der gegenwärtigen städtischen Infrastrukturen ist häufig hinsichtlich der Kosten und der Zeit unrealistisch. Vielmehr besteht für die Städte die Herausforderung darin, die vorhandenen Ressourcen umzugestalten. So geht es um die Digitalisierung und Vernetzung von Systemen, darum, Daten zu sammeln, zu integrieren und zu analysieren.

IBM befindet sich im siebten Jahr der Smarter Planet Agenda. Nach dem Start mit Entwicklung und Vorstellung der Vision – **instrumented** (durch neue technische Möglichkeiten), **interconnected** (durch zunehmende Vernetzung), **intelligent** (durch die zunehmende „Intelligenz" all dieser vernetzten Gegenstände) – hat inzwischen die Konkretisierung durch erfolgreiche Projekte und einer ständigen Weiterentwicklung des Portfolios stattgefunden.

„Smarter Cities" ist ein langfristiges Programm im Rahmen der IBM Smarter Planet Vision. Es wurde ins Leben gerufen, um die wirtschaftliche Dynamik und die Lebensqualität in Städten und Metropolen weltweit zu fördern. **Smart** können Städte in vielen Bereichen sein: Verkehr, Energie, Gesundheit oder Bildung sind hier nur einige von vielen Punkten, mit denen sich intelligente Städte auseinander setzen müssen.[5]

IBM versteht sich dabei in der Rolle eines technischen, aber auch strategischen Partners und Integrators, der die unterschiedlichen Akteure und ihre immer komplexer werdenden Infrastrukturen verbindet.

---

[3] http://www.bmz.de/de/was_wir_machen/themen/stadtentwicklung/hintergrund/.
[4] Quelle: http://www.handelsblatt.com/politik/deutschland/oeffentliche-investitionen-wo-deutschland-baufaellig-ist/8237026.html.
[5] Quelle: http://www.ibm.com/smarterplanet/us/en/smarter_cities/overview/.

4.2 Anwendungsbeispiel: Städtische Leitzentrale – Rio de Janeiro

In **Rio de Janeiro** hat IBM mithilfe des IBM **Intelligent Operations Center©** eine Leitzentrale aufgebaut, in dem die Steuerung der städtischen Leistungen hinsichtlich Umwelt und Sicherheit zentral koordiniert werden.

Die Anforderung dazu geht auf ein Unwetter im April des Jahres 2010 zurück, das durch eine nachfolgende Flut und Erdrutsche die Stadt zum Stillstand brachte und mehr als 70 Personen das Leben kostete.

Der Bürgermeister von Rio, Eduardo Paes, versprach, dass sich eine solche Situation nicht wiederholen wird. Speziell die Möglichkeiten, sich gegen Unwetter und deren Auswirkungen vorzubereiten, standen im Mittelpunkt der Betrachtungen.

Basierend auf dieser Ausgangssituation verfügt Rio heute über ein etabliertes Intelligent Operations Center (Centro de Operacoes Rio), welches verschiedene Daten u. a. der Wetterlage, der Verkehrssituation, Polizeidaten und Daten zur medizinischen Versorgung bereitstellt, um bessere Entscheidungen treffen zu können. Dies betrifft speziell die Möglichkeiten der Vorhersage und Vorsorge (u. a. durch entsprechende Evakuierungs-Maßnahmen) für Unwetter oder kritische Wetterlagen. Das Centro wurde in Partnerschaft mit IBM entwickelt und implementiert.

Wesentliche Funktionen sind dabei die Realtime-Kommunikation über verschiedene Behörden/Bereiche hinweg, um Krisensituationen effektiv zu lösen bzw. Krisensituationen vorherzusehen und zu vermeiden sowie der Aufbau einer Kommandozentrale zum Katastrophenschutz, als Leitstand für öffentliche Sicherheit.

Des Weiteren sind in das System mehr als 30 Verwaltungsbezirke (Municipalities) sowie private Versorgungs- und Transport-Unternehmen integriert. Dadurch werden unterschiedliche Daten und Anforderungen integriert, die eine bessere Entscheidungsbasis erlauben.

Ursprünglich konzipiert für reine Notfallsituationen, unterstützt das Operations Center jetzt auch das Management von Großevents wie Sportveranstaltungen und die berühmten Karnevals-Umzüge. Außerdem hilft es bei der Überwachung des Stadtverkehrs.

Im Hinblick auf die sportlichen Großveranstaltungen (in 2014: Fußball-WM, in 2016: Olympische Spiele) erlaubt das Centro de Operacoes Rio eine übergreifende und vorausschauende Betrachtung u. a. der Wetterlage.

Das Rio Operations Center verschafft den verantwortlichen Einsatzleitern einen konsistenten Blick auf alle Informationen, die sie benötigen, um schnell die richtigen Entscheidungen treffen zu können.[6]

---

[6]Quelle: http://asmarterplanet.com/blog/2012/03/smarter-leadership-how-rio-de-janeiro-created-an-intelligent-operations-center.html.

4.3 Anwendungsbeispiele: Connected Car

4.3.1 Partnerschaften im Automobilbereich – IBM und Continental

Im September 2013 gaben IBM und Continental eine Kooperation bekannt, gemeinsam Lösungen zum vollständig vernetzten Fahrzeug für Automobilhersteller auf der ganzen Welt entwickeln zu wollen.

Unter anderem soll das vorausschauende Fahren weiter verbessert werden.

Auf der CeBIT 2014 war zu sehen, wie IBM-Technologien Fahrzeuge in Echtzeit mit der Cloud verbinden und wie mit Big Data Analytics aus den Fahrzeugdaten innovative Anwendungen werden. Daten werden via IBM Messaging Technologie in Sekundenschnelle vom Fahrzeug ins Backend übertragen. Dabei werden von der Software-Lösung IBM InfoSphere Streams© noch im Datenstrom erste Analysen durchgeführt, die nach vordefinierten Mustern suchen und im Eintrittsfall eine Aktion auslösen, z. B. eine Glatteiswarnung, wenn festgestellt wurde, dass bei mehreren Fahrzeugen an ähnlicher Stelle das Electronic Stability Program (ESP) greift.[7]

4.3.2 Mobility-Plattform – moovel

Die weltweit verfügbare IBM Cloud-Infrastruktur von SoftLayer© wird auch von der Daimlertochter **moovel GmbH** für ihre Mobilitätsangebote genutzt.

Die Mobilitätsdienstleistungen der **moovel GmbH** umfassen u. a. die Carsharing-Angebote car2go und car2go black, die Plattform Park2gether oder die Mobilitätsapp moovel.

Die App analysiert Angebote von unterschiedlichen Mobilitätsdiensten wie Bahn, Bus, Fahrradverleih, Mitfahrgelegenheit, Taxi oder Carsharing, um für den Anwender den schnellsten oder günstigsten Weg von A nach B zu ermitteln.

Die Daimlertochter moovel GmbH nutzt die Cloud, um ihre IT-Investitionen zuverlässig und langfristig planen zu können. Zudem kann moovel über die Cloud ihre IT sicher und flexibel an aktuelle Anforderungen anpassen. Basierend auf einem Managed-Services-Ansatz lässt sich die Bereitstellung der IT-Infrastruktur automatisieren und die Cloud-Plattform rund um die Uhr betreiben.

Das Angebot von car2go gibt es heute in 26 europäischen und nordamerikanischen Städten. Mit mehr als 800.000 Kunden ist car2go weltweit klarer Marktführer im stationsunabhängigen Carsharing.[8]

---

[7]Quelle: Presseerklärung: http://www-03.ibm.com/press/de/de/pressrelease/41944.wss.
[8]Quelle: Presseerklärung: http://www-03.ibm.com/press/de/de/pressrelease/45247.wss.

4.3.3 Sustainability/Energy – eCars

Für Mitte Juni 2015 hat die Bundesregierung zur Nationalen Konferenz für die Elektromobilität (NPE, http://nationale-plattform-elektromobilitaet.de/) nach Berlin eingeladen. Das Ziel ist wie folgt definiert: „Weg vom Öl, hin zum grünen Stromtanken". Doch das anspruchsvolle Vorhaben für eine Million E-Autos bis 2020 erscheint schwierig. Sowohl der Neuverkauf rein elektrischer Batterie-Fahrzeuge als auch sogenannter Plug-in-Hybride, die normale Verbrenner mit Elektro-Antrieben verbinden und deren Batterien sich per Steckdose aufladen lassen, entwickeln sich nicht gemäß den Erwartungen. Laut Kraftfahrtbundesamt stagnierte der Anteil alternativer Antriebe am Pkw-Bestand 2014 im Vergleich zum Vorjahr bei 1,6 % (500.000 Wagen mit Flüssiggas, 107.754 Hybride, 18.948 Fahrzeuge mit Elektroantrieb). Von den insgesamt im Jahr 2014 neu zugelassenen Kraftfahrzeugen (3,04 Mio., Zunahme um drei Prozent gegenüber Vorjahr), waren nur 0,3 % Elektrofahrzeuge.[9]

Wie können diese Probleme gelöst werden?
Das IBM Forschungslabor in Dublin (Smarter Cities Lab) hat ein Modell entwickelt, das die Reichweitensorge in Sachen Elektromobilität verringern und damit ihre Popularität steigern könnte.[10]

Die Idee: Jedem Besitzer eines elektrisch betriebenen Mobils („Stromers") wird garantiert, dass er einen Wagen mit Verbrennungsmotor zur Verfügung hat, wenn er diesen benötigt. Der E-Wagen wird für kürzere Strecken genutzt, bei längeren Distanzen kommt der Benziner zum Einsatz. Dieser wird über eine Carsharing-Plattform zur Verfügung gestellt, ähnlich zu den Modellen für das gemeinsame Nutzen von Autos, die es heute schon gibt. Nur ein Bruchteil der Bevölkerung legt regelmäßig Strecken mit dem Auto zurück, die länger als 100 km sind. Die kürzeren Wege können mit dem Elektroauto gefahren werden.

Erkenntnis der Studie: Solch ein Modell kann funktionieren und ist dabei noch wesentlich günstiger als heutige staatliche Unterstützungen für Elektroautos. Die Verbreitung von Stromern könnte damit forciert und gleichzeitig Geld gespart werden. In Zeiten von Smartphones dürfte selbst zur Urlaubszeit eine Koordination dieser Fahrzeuge relativ leicht zu regeln sein, z. B. über Plattformen wie IBM sie zur Verfügung stellt (siehe nachfolgend **Green eMotion**).

---

[9]Quelle: http://www.elektromobilitaet.com/news2/news-detailseite/artikel/kraftfahrtbundesamt-neue-zahlen-zu-elektroautos-195/ und http://www.kba.de/DE/Statistik/Fahrzeuge/Bestand/Umwelt/2014_b_umwelt_dusl_absolut.html?nn=663524.
[10]Quelle: „Alleviating Electric Vehicle Range Anxiety using a Car Sharing Model" http://arxiv.org/pdf/1312.5939.pdf – Robert Shorten, Senior Research Manager IBM Dublin et al.

Im EU (Europäische Union)-Elektromobilitätsprojekts **Green eMotion** hat IBM federführend den Prototypen einer dafür notwendigen IT-Infrastruktur und Plattform entwickelt. Sie ermöglicht es Energieversorgern, Automobilherstellern, Anbietern von Ladestationen und anderen Unternehmen erstmals, länderübergreifend eine gemeinsame Plattform zu nutzen, über die sie ihre Dienstleistungen rund um Elektromobilität verknüpfen und anbieten können. Ziel dieses Projekts der Europäischen Union ist es, bis 2015 eine europaweit verfügbare **Infrastruktur für Nutzer von Elektrofahrzeugen** zu schaffen, um beispielsweise ein grenzübergreifend einheitliches Bezahlsystem für Elektroladestationen ähnlich dem Handy-Roaming zu ermöglichen. An dem Projekt sind neben IBM noch 42 weitere Unternehmen wie Energieversorger und Elektrofahrzeughersteller sowie Städte und Hochschulen aus ganz Europa beteiligt.[11]

4.4 Anwendungsbeispiel: Verkehrsmanagement – Stockholm

Die Swedish National Road Administration und das Stockholm City Council entschieden sich vor ca. zehn Jahren, ein Maut-System für Stockholm zu etablieren, welches Ihnen hilft, den wachsenden Innenstadtverkehr und die daraus resultierenden Staus und Schadstoff-Emissionen zu verringern. Durch die Belastung mit ca. 500.000 Autos, die jeden Tag in die Stadt fuhren und einem zusätzlichen Bevölkerungswachstum von ca. 20.000 Personen pro Jahr, waren die Rahmenbedingungen für eine Lösung vorgegeben.

Die Entscheidung ein Maut-System kombiniert mit einem Park and ride Service und verschiedenen Transit-Optionen einzuführen, war der Ansatz, der für Stockholm in Partnerschaft mit IBM verfolgt wurde.

Es wurden achtzehn Kontroll-Punkte auf den Zufahrtsstraßen installiert, an denen die Nutzungsgebühr für die Fahrzeuge mit dem Ziel „Innenstadt Stockholm" erhoben wurden. Dabei wurden u. a. höhere Gebühren für Zeiten mit erhöhtem Verkehrsaufkommen eingeführt. Transponder in den Fahrzeugen verbinden sich im Rahmen der Zufahrt mit dem Bezahl-System und veranlassen eine automatische Buchung und Zahlung. Die Fahrzeuge, die die Zufahrten passierten, wurden fotografiert und das Kennzeichen wurde zur Identifikation von Fahrzeugen ohne Transponder verwendet. Die Auswertung hierzu wurde durch einen anderen Teil der Lösung durchgeführt, der die Fahrzeugdaten gegen die Registrierungsdaten abgleicht. Dies ermöglicht es Fahrzeughaltern ohne Transponder, die Zahlungen auch über Banken oder andere Zahlungssysteme zu begleichen.

Die eingesetzte Technologie besteht u. a. aus RFID Tags und kabellosen Sensoren, die reale Daten in digitale Daten zur Verarbeitung umwandeln.

---

[11]Quelle: http://www-03.ibm.com/software/businesscasestudies/au/en/corp?synkey=K350307J910 81M27.

Zur Erkennung der Kennzeichen wurde seitens IBM® Research eine eigene Lösung entwickelt, die u. a. die verschiedenen Wetterbedingungen, Kamerawinkel und Belichtungsgrade berücksichtigt.

Heutzutage sind die verwendeten Kamerasysteme so weit fortgeschritten, dass Transponder in den Fahrzeugen nicht mehr benötigt werden.

Das Pilotprojekt hatte eine Laufzeit von sechs Monaten. Ziel war es, dass die Anzahl der täglichen Fahrten (und damit auch automatisch die Emissionen und Staus) reduziert werden und alternative Verkehrsmittel, wie z. B. der Nahverkehr, mehr genutzt werden.

Das Ergebnis war, dass das Verkehrsaufkommen um etwa 25 % abnahmen und alternative Verkehrsmittel (Zug und Transit) eine Zunahme von etwa 40.000 Passagieren pro Tag verzeichnen konnten.

Nach drei Jahren hatte sich das Verkehrsaufkommen halbiert und ca. 60.000 zusätzliche Passagiere pro Tag nutzten die alternativen Verkehrsmittel. Gleichzeitig sanken die Emissionen zwischen 14 und 18 % in der Innenstadt.[12]

4.5 Anwendungsbeispiel: Stadion-Management – Miami

Das professionelle Football-Team der Miami Dolphins[13] wollte das „Erlebnis" seiner Fans als auch gleichzeitig die operativen Abläufe, die mit dem Management des Stadions verbunden sind, verbessern.

Der Hauptsitz der Miami Dolphins ist das Sun Life Stadium in Miami. Es wurde 1987 erbaut, verfügt über ca. 1,5 Mio. Quadratmeter Fläche, mehr als 24.000 Parkplätze, 75.000 Sitzplätze und ist vielseitig verwendbar (u. a. für verschiedene Events). Seit 1991 wurden mehr als 250 Mio. US$ investiert, um das Stadion zu renovieren.

Stadien wie das Sun Life Stadium werden mittlerweile nicht nur zur Austragung von sportlichen Veranstaltungen genutzt, sondern bilden auch den Mittelpunkt wirtschaftlicher Interessen im Sinne eines Unternehmens ab. Dazu zählen Angebote im Bereich der Medien, des Entertainments und des Verkaufs und Vertriebs von Fan-Artikeln.

Das Management des Stadions umfasst, speziell zum Zeitpunkt von Veranstaltungen, folgende kritische Bereiche:

- Verkehrs- und Parkraum-Management
- Elektrische und Umwelt Systeme
- Beleuchtung, Anzeigetafeln und Bildschirme
- Point-of-Sale-Systeme (z. B. Restaurants, Fanartikel-Outlets etc.)
- Zugangs- und Ticket-Management

---

[12]Quelle: http://www-03.ibm.com/ibm/history/ibm100/us/en/icons/transportationflow.
[13]Quelle: http://www.miamidolphins.comhttp://asmarterplanet.com/blog/2012/03/smarter-leadership-how-rio-de-janeiro-created-an-intelligent-operations-center.html.

- Sicherheits-Management
- Media und Entertainment Support (z. B. Fernseh-Übertragungen)
- VIP-Services in den Loungebereichen
- Externe Kommunikation und IT-Systeme (u. a. WLAN, Web-Zugang etc.)

Äußere Einflüsse, wie z. B. das Wetter, spielen in Miami eine große Rolle. Süd-Florida ist weltweit eine jener Zonen, die am häufigsten von tropischen Gewittern und Stürmen betroffen ist. Im Hinblick auf die Austragung von Veranstaltungen im Stadion sind diese Faktoren in die Planung mit zu übernehmen und aktiv zu überwachen (z. B. im Hinblick auf mögliche Notfall-Maßnahmen).

Das sog. „Fan-Erlebnis" („The fan experience") ist ein Konzept, welches die Fans und Besucher auch vor und nach der Veranstaltung mit dem Team der Miami Dolphins verbinden soll. Dies beginnt bei der Anreise zu einer Veranstaltung im Stadion, der Ticket-Reservierung und Marketing-Aktionen vor Beginn einer Veranstaltung.

Am Veranstaltungstag werden dem Besucher Informationen zum Stadion und Zugang, zur Parksituation etc. zur Verfügung gestellt. Zur Sicherstellung der Situation im Rahmen der Anreise werden die Wege und Aktivitäten durch verschiedene Teams (z. B. Sicherheits-Teams) überwacht, die im Notfall eingreifen können.

Um dies zu tun, werden Realtime Informationen aus den verschiedenen Bereichen benötigt.

Die im Jahr 2011 eingesetzte Lösung trägt Daten u. a. aus dem Ticket-System, den zweihundert Stadion-Kameras, den Point-of-Sales Systemen, den verfügbaren Wetterdaten und dem Stadion selbst zusammen. Diese werden zentral in einer einheitlichen Sicht bereitgestellt, um den Stadion-Betrieb zu überwachen und steuern.

Die Auswertung historischer Daten erlaubt es, proaktiv z. B. Staus, überfüllte Zugangswege und Sitzbelegungen abzusehen und entsprechend steuernd eingreifen zu können.

Zusammen mit Partnern wurden auf Basis der IBM Lösung **Intelligent Operations Center (IOC)**© diese Anforderungen umgesetzt. Dabei wurden fünf spezifische Use Cases betrachtet:

- Incident Services Level Dashboard – Überblick über die Sicherheitslage im und um das Stadion mit der Möglichkeit der Interaktion mit Besuchern/Fans. Textnachrichten über Vorfälle können durch die Besucher direkt gesendet werden.
- Point of Sale Revenue Dashboard – Überblick über die Point-of-Sale Bereiche des Stadions und des Besucherverhaltens im Hinblick auf Einkäufe während einer Veranstaltung.
- Attendance Dashboard (nach Gate/Area) – Überwachung und Steuerung der Besucher beim Zutritt und beim Verlassen des Stadions.
- Alcohol sales cutoff compliance – Basiert auf einer Vorgabe der NFL, Alkohol-Verkauf nur zu bestimmten Zeiten während einer Veranstaltung zu ermöglichen – die Steuerung erfolgt u. a. über die Kopplung der Stadion-Uhr an die Verkaufsstellen für

Alkohol und wird zentral über die Lösung **Intelligent Operations Center (IOC)©** gesteuert.
- Weather Monitoring – Überwachung der Wetterlage durch Zugriff auf aktuelle Wetterdaten, die in das zentrale Überwachungssystem integriert werden.

Seit Einführung der Lösung konnten u. a. die Ticket-Verkäufe und die Non-Ticket-Umsätze nennenswert gesteigert werden. Des Weiteren konnten die internen Abläufe und die Zusammenarbeit der verschiedenen Bereiche des Stadion-Betriebs stark verbessert werden.[14]

4.6 Anforderungen an einen Lösungsansatz für Smarter Cities

Eine mögliche Ziellösung für „Smarte Städte" und zum Management der verschiedenen Herausforderungen der Digitalisierung, zeichnet sich durch die **Integration der physischen Infrastruktur mit der digitalen Infrastruktur aus. Erst die digitale Infrastruktur ermöglicht die Steuerung und Optimierung der physischen Infrastruktur**.

Hierzu zählen u. a. die Integration von Informationen aus Sensoren, intelligenten Zählern oder Kameras, die analysiert und in nahezu Echtzeit visualisiert werden können.

Der primäre Zweck einer solchen Lösung ist es, Städtelenkern und anderen operativ Beteiligten ein Dashboard für Entscheidungsträger an die Hand zu geben, mit dem sie Einblick in unterschiedliche Aspekte der Verwaltung oder Produktion gewinnen können.

Dieses organisationsübergreifende Dashboard sollte z. B. über Drilldown-Funktionen zur Untersuchung zugrunde liegender Organisationseinheiten, z. B. für Notfallmaßnahmen, die betriebliche oder öffentliche Sicherheit, das Sozialwesen, den Verkehr oder die Wasserwirtschaft verfügen.[15]

Die Möglichkeiten eines Einsatzes einer solchen Lösung umfassen u.a.:

- Reaktion auf Ereignisse und Vorfälle auf Basis der von unterschiedlichen Quellen bereitgestellten Informationen
- Überwachung der Verwaltung einer Stadt, sowie Reaktion auf Ereignisse und Vorfälle auf Basis der von den Behörden bereitgestellten Informationen
- Darstellung der gesamten Lage des städtischen Betriebs in Echtzeit mit messbaren Leistungsindikatoren
- Einblick in die zugrunde liegenden Behörden, z. B. für Notfallmaßnahmen, die öffentliche Sicherheit, das Sozialwesen, den Verkehr oder die Wasserwirtschaft

---

[14]Quelle: Presseerklärung: http://www-03.ibm.com/press/us/en/pressrelease/36952.wss.
[15]Vgl.: http://public.dhe.ibm.com/software/solutions/soa/pdfs/IBM_Intelligent_Ops_Center_Solution_Brief.pdf, Copyright IBM Corporation.

- Behörden übergreifende Echtzeitkommunikation und Zusammenarbeit, die für eine effektive Maßnahmensteuerung und Koordination bei Katastrophenfällen, Störungen und Vorfällen sorgen
- Einbindung von Bürgern und Unternehmen in die Meldung und Lösung von Problemen
- Erfassung und Analyse von Bürgerfeedback über Social Media

Über ein entsprechendes Rollenkonzept sollte es möglich sein, rollenspezifische Sichten auf den gesamten Planungs- und Produktionsstatus zu realisieren. Unterschiedliche Rollen in der Nutzung des Systems (z. B. Administrator, Supervisor, Operator etc.) werden entsprechend der zugrunde liegenden Aufgaben Nutzungsrechte zugeordnet. Während der Arbeit mit der Lösung regeln die Nutzungsrechte, welche Informationen dem Nutzer angezeigt werden und auf welche Daten im System der Nutzer zugreifen darf. Hiermit kann einerseits die Sicherheit der Daten gewährleistet und anderseits eine bedarfsgerechte Filterung der Informationen vorgenommen werden, sodass sich der Nutzer auf die für seine Aufgabe wesentlichen Information konzentrieren kann.

Eine weitere Funktionalität einer solchen Lösung besteht darin, standardisierte Arbeitsabläufe zu definieren und als Antwort auf Alarmierungen oder eingehende Meldungen automatisch zu starten.[16]

---

[16]Nähere Informationen zum IBM Smarter Cities Lösungsportfolio sind im Internet über den Link http://www.ibm.com/smarterplanet/us/en/smarter_cities/overview/ verfügbar.

Literatur

Al-Hader, M., Rodzi, A., Sharif, A.-R., & Ahmad, N. (2009). *Smart city components architecture, international conference on computational intelligence, modelling and simulation*. Brno.

Allen, J., Browne, M., & Cherret, T. (2012). Investigating relationship between road freight transport, facility location, logistics management and urban form. *Journal of Transport Geography, 24*, 45–47.

AmsterdamSmartCity. (2015). Smart parking. http://amsterdamsmartcity.com/projects/detail/id/64/slug/smart-parking?lang=en. Zugegriffen: 15. Juni 2015.

Anderson, S., Allen, J., & Browne, M. (2005). Urban logistics – how can it meet policy makers sustainability objectives? *Journal of Transport Geography, 13*, 71–81.

Arup (2015). Urban mobility in the smart city age. http://digital.arup.com/wp-content/uploads/2014/06/Urban-Mobility.pdf.

Audi (2015). Ampelinfo Online. http://www.audi.de/de/brand/de/vorsprung_durch_technik/content/2014/06/ampelinfo-online.html. Zugegriffen: 11. Juni 2015.

Bea, F.-X., & Haas, J. (2013). *Strategisches management*. Stuttgart: UTB.

Baer, D., Ebel, G., Eickemeier, L., Hoffschröer H., Koch T., Schwertner A., Sonntag R. (2012). Future Urban Industries – Produktion, Industrie, Stadtzukunft, Wachstum. Wie können wir den Herausforderungen begegnen? 11/12. http://www.stiftung-nv.de/sites/default/files/12_11_policy_brief_fui_20121026_final.pdf. Zugegriffen: 09. Juni 2015.

Beck, C., & McCue, C. (2009). Predictive policing: What can we learn from Wal-Mart and Amazon about fighting crime in a recession? *Police Chief, 76*, 18–24.

Behrends, S., Lindholm, M., Woxenius, J. (2007). The impact of Urban freight transport. In *19th annual NOFOMA conference 7–8* (S. 1–15). Reykjavik.

Bélissent, J. (2010). *Getting clever about smart cities: New opportunities require new business models*. Forrester Research.

Berthod, O., Müller-Seitz, G., Sydow, J., & von der Lieth, D. (2015). Interorganisationaler Wissenstransfer. Von Dyaden zu Netzwerken? *Wirtschaftswissenschaftliches Studium, 44*, 182–187.

Brunner, P.-H., Kral, U. (2013). *Urban Mining und Letze Senken –Schlüsselelemente einer Smart City*. Umwelt & Klima, 248–255.

Budäus, D. (2005). *Governance von Profit- und Nonprofit-Organisationen in gesellschaftlicher Verantwortung*. Wiesbaden: Deutscher Universitäts-Verlag.

Bundesministerium für Verkehr und digitale Infrastruktur. (2015). *Modal-Split im deutschen Güterverkehr im Zeitraum von 2012 bis 2018 nach Verkehrsträgern (Anteil an der Transportleistung)*. Statista – Das Statistik-Portal. htttp://de.statista.com/statistik/daten/studie/12149/umfrage/gueteraufkommen-nach-verkehrstraegern-in-deutschland/. Zugegriffen: 05. Juni 2015.

Caragliu, A., Del Bo, C., & Nijkamp, P. (2011). Smart cities in Europe. *Journal of Urban Technology, 18*, 65–82.

Christmann, G., Ibert, O., Kilper, H., Moss, T. (2011). *Vulnerabilität und Resilienz in sozio-räumlicher Perspektive. Begriffliche Klärungen und theoretischer Rahmen.* IRS Working Paper 44.
Delfmann, W., Jaekel, F. (2013). *The Cloud – Logistics for the future?* Produktion und Logistik mit Zukunft, 44–63.
Doran, M., & Daniel, S. (2014). Geomatics and Smart City: A transversal contribution to the Smart City development. *Information Policy, 19,* 57–72.
Erd, J. (2015). *Stand und Entwicklung von Konzepten zur City-Logistik.* Wiesbaden: Springer Gabler.
Europäische Kommission. (2014). Smart Cities Initiative der Europäischen Kommission. https://eu-smartcities.eu/. Zugegriffen: 01. Juni 2015.
Ewers H. (1997). *Kooperationen von Speditionen im Güternahverkehr.* Berichte der Bundesanstalt für Straßenwesen, Verkehrstechnik V 42. Bremerhaven: Verlag für neue Wissenschaft.
Fischer, H. (2015). Weder Abfall noch Lärm noch Dreck. *Forschung Leben, 4,* 70–73.
Florida, R. (2004). *Cities and the creative class.* New York: Routledge.
Galdon-Clavell, G. (2013). (Not so) smart cities?: The drivers, impact and risks of surveillance enabled smart environments. *Science and Public Policy, 40,* 717–723.
Georgieff, P. (2008). Ambient assisted living – Marktpotenziale IT-unterstützter Pflege für ein selbstbestimmtes Altern. In: *Fazit Schriftenreihe – Informations- und Medientechnologien in Baden-Württemberg Bd. 17.*
Giffinger, R., Fertner, C., Kramar, H., Kalasek, R., Pichler-Milanovic, N., & Meijers, E. (2007). *Smart cities-Ranking of European medium-sized cities, Research Report.* Wien: Technische Universität Wien.
Glaeser, E. (2011). *Triumph of the City. How Our Greatest Invention Makes Us Richer, Smarter, Greener, Healthier, and Happier.* New York: Penguin.
Grabher, G. (1993). The weakness of strong ties; the lock-in of regional development in the Ruhr area. In G. Grabher (Hrsg.), *The embedded firm. On the socioeconomics of industrial networks* (S. 255–277). London: Routledge.
Hesse, M. (1998). Raumentwicklung und Logistik. *Raumforschung und Raumordnung, 56,* 125–135.
Hesse, M. (2006). Logistikimmobilien: Von der Mobilität der Waren zur Mobilisierung des Raumes. *disP – The Planning Review, 42*(167), 41–51.
Heyde, J. (1926). *Wert: eine philosophische Grundlegung.* Erfurt.
Hilgers, D., Müller-Seitz, G., & Piller, F. (2010). *Benkler Revisited – Venturing beyond the Open Source Software Arena?* ICIS 2010 Proceedings. Paper 97.
Huettl, R., Pischetsrieder, B., & Spath, D. (Hrsg.). (2010). *Elektromobilität.* Berlin: Springer.
IBM (2015). Smart Cities – The insight to identify, transform and progress. http://www.ibm.com/smarterplanet/ie/en/smarter_cities/overview/. Zugegriffen: 01. Juni 2015.
Jaekel, M., & Bronnert, K. (2013). *Die digitale Evolution moderner Großstädte – Apps-basierte innovative Geschäftsmodelle für neue Urbanität.* Wiesbaden: Springer Vieweg.
Kaplan, R., & Norton, D. (1996). *The balanced scorecard – translating strategy into action.* Boston: Harvard Business School Press.
Kaplan, R., & Norton, D. (1997). *Balanced scorecard – strategien erfolgreich umsetzen.* Stuttgart.
Kowalski, M., Schröder, A., Müller-Seitz, G., Braun, T. (2015). *Organizational openness: Managing different forms of openness, 30th EGOS Colloquium.* Athen.
Lehmacher, W. (2013). *Wie Logistik unser Leben prägt. Der Wertbeitrag logistischer Lösungen für Wirtschaft und Gesellschaft.* Wiesbaden: Springer Gabler.
Lindholm, M. (2010). A sustainable perspective on urban freight transport. *Procedia Social and Behavioral Sciences, 2,* 6205–6216.
Lipp, R. (2010). ElCity (Elevated City) – Ein transdisziplinäres Konzept für die Stadt des 21. Jahrhunderts. Lifis Online. http://www.leibniz-institut.de/archiv/lipp_26_05_10.pdf. Zugegriffen: 02. Juni 2015.

Lohmeier, M. (2013). *Elektromobilität im strategischen Logistikkonzept eines Dienstleisters.* Elektromobilität und Logistik: 7. FOM Forum Logistik, 6–12.

Matt, D.-T., Spath, D., Braun S., Schlund S., & Krause D. (2014). *Morgenstadt-urban production in the city of the future, enabling manufacturing competitiveness and economic sustainability,* 13–16.

Matt, D.-T., Rauch, E. (2014). *Chancen zur Bewältigung des Fachkräftemangels in KMU durch die Urbane Produktion von morgen, Industrie 4.0: wie intelligente Vernetzung und kognitive Systeme unsere Arbeit verändern,* 155–176.

M.D.S. Transmodal. (2012). DG MOVE European commission: Study on Urban Freight Transport. http://ec.europa.eu/transport/themes/urban/studies/doc/2012-04-urban-freight-transport.pdf. Zugegriffen: 09. Juni 2015.

Meynhardt, T. (2009). Public value inside: What is public value creation? *International Journal of Public Administration, 32,* 192–219.

Meynhardt, T. (2013). *Pubic Value Scorecard. OrganisationsEntwicklung, 4,* 80–83.

Moore, M. (1995). *Creating public value.* Cambridge: Harvard University Press.

Müller-Seitz, G. (2014). Von Risiko zu Resilienz – zum Umgang mit Unerwartetem aus Organisationsperspektive. *zfbf, 68,* 79–99.

Müller-Seitz, G., Braun, T., & Schröder, A. (2015). *From 'City Hall' to managing the urban – towards a strategic management perspective on cities, 15th EURAM Conference.* Warschau.

Müller-Seitz, G., & Schüßler, E. (2013). From event management to the management of events – A process perspective. In: *Managementforschung, 23,* 193–226.

Osterwalder, A., & Pigneur, Y. (2011). *Business Model Generation: Ein Handbuch für Visionäre, Spielveränderer und Herausforderer.* Frankfurt a. M.: Campus.

Powell, W.-W. (1990). Neither market nor hierarchy: Network forms of organization. *Research in Organizational Behavior, 12,* 295–336.

Pro Mobilität. (2014). Prognostizierte Verkehrsleistung im deutschen Güterverkehr im Jahr 2030 nach Verkehrsträgern (in Milliarden Tonnenkilometer). Statista – Das Statistik-Portal. http://de.statista.com/statistik/daten/studie/7143/umfrage/prognose-zur-verkehrsleistung-im-gueterverkehr/. Zugegriffen: 05. Juni 2015.

Puderbach, S., Braun, T., Müller-Seitz, G., & Schröder, A. (2015). *How to manage the 'smart' city for the future? Applying the dynamic capability view to the management of cities,* 30th EGOS Colloquium. Athen.

Rösch, B. (2013). Neue Wege aus der Citylogistik. *TextilWirtschaft, 51,* 32–39.

Schrampf, J., Zvokelj, A., & Hartmann G. (2013). Smart Urban Logistics, Strategisches Gesamtkonzept. http://www.smartcities.at/assets/01-Foerderungen/SmartUrbanLogistics-Gesamtkonzept-v1-0-Web.pdf. Zugegriffen: 09. Juni.2015.

Schüßler, E., Müller-Seitz, G., & Grabher, G. (2015). Field-configuring events: Arenas for innovation and learning? *Industry & Innovation, 22,* 165–172.

Selle, K. (2005). *Planen. Steuern. Entwickeln – Über den Beitrag öffentlicher Akteure zur Entwicklung von Stadt und Land.* Detmold: Dorothea Rohn.

Spath, D. (2013). *Morgenstadt-urbane production.* Produktion und Logistik mit Zukunft, 38–41.

Sydow, J., Schreyögg, G., & Koch, J. (2009). Organizational path dependence: Opening the black box. *Academy of Management Review, 34,* 689–709.

Sydow, J., Schüßler, E., & Müller-Seitz, G. (2015). *Managing interorganizational relations – Debates and cases.* London: Palgrave.

Tan, P.-Y., Wang, J., & Sia, A. (2013). Perspectives on five decades of the urban greening of Singapore. *Cities, 32,* 24–32.

Taniguchi, E., Thompson, R.-G., & Yamada T. (2003). *Predicting the effects of city logistics schemes.* Transport Reviews, 489–515.

Taylor, M.-A.-P. (2005). *The city logistics paradigm for urban freight transport.* Infrastructure 18, o.S.

Umweltbundesamt. (2015). Feinstaub. http://www.umweltbundesamt.de/themen/luft/luftschadstoffe/feinstaub. Zugegriffen: 01. Juni 2015.

VDE. (2014). *10 Thesen zur Entwicklung von Smart Cities.*

Weig, F. (2004). *Balanced Scorecard für Strategisches Management von Städten – Ein Ansatz unter Einsatz von Internetumfragen.* Wiesbaden: VS Verlag für Sozialwissenschaften.

Wiegel, F., Adolph, S., Özsucu, Ö., Thiel, D., Abele, E., & Elbert, R. (2013). *Urbane Wertschöpfung. Industrie Management, 29,* 15–18.

Xu, X. (2012). From cloud computing to cloud manufacturing. *Robotics and Computer-Integrated Manufacturing, 28,* 75–86.

The manufacturer's authorised representative in the EU is Springer Nature Customer Service Centre GmbH, Europaplatz 3, 69115 Heidelberg, Germany. If you have any concerns regarding our products, please contact ProductSafety@springernature.com

Printed and bound by CPI Group (UK) Ltd, Croydon, CR0 4YY

23/03/2026

02076460-0014